好销售不违心

在你的舒适区内拿订单

[美]史黛西·霍尔（Stacey Hall） 著

柏惠鸿 译

Selling from Your Comfort Zone
The Power of Alignment Marketing

中国原子能出版社　中国科学技术出版社
·北　京·

SELLING FROM YOUR COMFORT ZONE: THE POWER OF ALIGNMENT MARKETING by Stacey Hall, ISBN: 9781523001620
Copyright © 2022 by Stacey Hall
Copyright licensed by Berrett-Koehler Publishers arranged with Andrew Nurnberg Associates International Limited
Simplified Chinese translation © 2024 by China Science and Technology Press Co., Ltd. and China Atomic Energy Publishing & Media Company Limited.
All rights reserved.
北京市版权局著作权合同登记　图字：01-2023-1404。

图书在版编目（CIP）数据

好销售，不违心：在你的舒适区内拿订单 /（美）史黛西·霍尔（Stacey Hall）著；柏惠鸿译.—北京：中国原子能出版社：中国科学技术出版社，2024.1
书名原文：Selling from Your Comfort Zone: The Power of Alignment Marketing
ISBN 978-7-5221-2985-3

Ⅰ.①好… Ⅱ.①史… ②柏… Ⅲ.①销售—通俗读物 Ⅳ.① F713.3-49

中国国家版本馆 CIP 数据核字（2023）第 187507 号

策划编辑	何英娇	执行策划	王碧玉
责任编辑	付　凯	文字编辑	孙倩倩
封面设计	东合社·安宁	版式设计	蚂蚁设计
责任校对	冯莲凤　吕传新	责任印制	赵　明　李晓霖

出　　版	中国原子能出版社　中国科学技术出版社
发　　行	中国原子能出版社　中国科学技术出版社有限公司发行部
地　　址	北京市海淀区中关村南大街 16 号
邮　　编	100081
发行电话	010-62173865
传　　真	010-62173081
网　　址	http://www.cspbooks.com.cn

开　　本	880mm×1230mm　1/32
字　　数	108 千字
印　　张	6.5
版　　次	2024 年 1 月第 1 版
印　　次	2024 年 1 月第 1 次印刷
印　　刷	北京盛通印刷股份有限公司
书　　号	ISBN 978-7-5221-2985-3
定　　价	59.00 元

（凡购买本社图书，如有缺页、倒页、脱页者，本社发行部负责调换）

这本书的问世离不开大量销售和营销行业人员，他们实践我的协调营销公式，并证明在舒适区发展业务可以提升销量、满意度，获得成功。

下面列举五位在我举办的为本书命名的比赛中获奖的代表，我列出了他们每个人舒适区内的三大核心价值：

恩达·琼斯（Enda Jones）——诚实、慎重、正直；

瑞秋·里得奥特（Rachel Rideout）——诚实、友爱、自由；

托尼·泰勒（Toni Taylor）——健康、正直、可靠；

乔·瓦拉（Joe Vular）——正直、可靠、有毅力；

艾瑞克·雅伦（Eric Yaillen）——博学、诚实、正直。

衷心感谢每一个人。

推荐序

一本好书的标志之一就是它会一直陪伴着你。

史黛西·霍尔的书就是这样。她的书会让你质疑自以为掌握的关于销售的一切。

很多人都不喜欢销售，觉得这是一种为达目的威逼利诱的操纵性工作。大多数销售人员都被告知要克服这种不适感："想成功就要走出舒适区"。潜台词是那些令人感觉不太好的事其实很棒，离开舒适区越远你就越习以为常，而且结果也会越来越好。

但如果这个前提本身就是错误的呢？也许诚信销售的关键是待在舒适区呢？也许合乎道德的方式是明确自身核心价值并融入销售过程，从而对自己的所作所为感到满意呢？

这并不是理想主义，反而是现实主义。事实上我们每次提出请求或给出推荐就是在销售。我们每天都在进行销售，

好销售，不违心： 在你的舒适区内拿订单

在工作中、在家里、在网上、在公共场合。

如果想真正与人建立联系并产生积极影响，我们应该接受这种颠覆性的销售方法，并待在自己的舒适区。

做好深入讨论和做笔记的准备，同时准备好改变与人沟通和开展业务的方式吧！

好消息是当你在舒适区并按照自身核心价值行事时，他人更有可能给出善意的回应，这对彼此来说是共赢的局面。

萨姆·霍恩（Sam Horn）
引奇咨询机构（Intrigue Agency）首席执行官

自序

我的父亲一生都在从事销售工作，而我亲眼看到压力对他的影响。

我看着他用大多数销售培训师至今仍在传授的老套方法，这种方法把人当作"目标"，而这让我父亲感到困扰。他喜欢和人交朋友，擅长倾听，总是与人为善并尽己所能想办法解决他人的问题。

父亲不喜欢用别人教他的像打仗一样的销售方法，我非常清楚这一点。因为在我小时候家里和父亲的车上常常播放着这类培训录音，父亲曾持续专注地听着这些培训，尝试按照销售培训师和销售经理说的去做。每天他都会打出无数通电话，然而这种销售方式对他来说并不适用。这类咄咄逼人、不惜一切代价拿订单的做法与他的个性毫不相符。

这种做法也不符合我的个性。因此从一开始我的职业目标就是要以对潜在客户和我都有利的方式进行销售。

如果你曾问过自己这些问题，别担心，你并不孤单：

- 为什么要教我做好准备面对无数拒绝，而不是教我如何让潜在客户点头？
- 为什么必须走出舒适区，按照培训师和销售经理告诉我的方法来开展业务？
- 为什么无论参加了多少培训，销售团队都无法完成销售目标？
- 为什么优秀的销售人员这么难找？

如果你也有这些困扰，那么你和大多数销售人员一样已经厌倦了对自己信念的不尊重，逐渐开始拒绝使用咄咄逼人和狂轰滥炸的销售方法。越来越多的人离开了销售行业，去从事更有目的性和服务性的工作。这种大规模离职令人遗憾，因为销售人员本应解决问题、提供解决方案。销售人员可以让世界产生巨大变化！

如果你厌倦了原地打转、在无休止的陌生电话中浪费时间试图说服对方他需要你的产品或服务，那么是时候重新调整你自己、你的产品、你的服务了。有太多人的问题没能得到解决，正是因为你还在用过时、无效、老套的销售方法。

最近的研究表明，销售培训与员工满意度、员工激励、员工忠诚度、销售结果、公司文化和企业敏捷性有关。无法带动销售额增长的销售培训会对公司的各个方面产生负面影响。

现在，是时候用一种更令人愉悦的方式来和人建立联系并促成销售了。这本书会让你找到一种更愉快、更成功的方式，因为你会发现力量和收益就在舒适区内，根本不需要走出舒适区。

这本书适合的群体包括：

总裁

销售副总裁

销售经理

业务开发专员

客户增长经理

客户关系专员

销售主管

营销总监

好销售，不违心：在你的舒适区内拿订单

营销经理

客户关系经理

团队领导

门店经理

销售助理

客服经理

客服专员

电话销售专员

教练

顾问

作家

网络营销专员

这本书也适用于任何想要提升沟通能力的人，或者想与他人建立更加健康且有效联系的情况，包括具有不同性格、文化背景和观点的人。

本书中的技巧和策略旨在帮助你了解并协调以下方面：

- 你的核心价值、个人优势和目标。

- 你正在销售的产品或服务以及公司的使命。
- 你的客户及他们的需求。
- 满足客户需求的解决方案。

你还会学到协调营销公式(协调+信念 × 坚持=销售、满意和成功),成千上万的人已经证明了这一公式的有效性,他们正在使用这一策略在舒适区进行销售,获得了更大的满足感并实现了自己渴望和应得的成功。

最后,你会学到一些简单可行的日常小练习,在保持自身协调的同时逐渐扩大舒适区,以免在获得越来越多的成就后感到不知所措。

非常期待听到你通过与潜在客户建立更牢固、更令人满意的联系而使他很快成为你的客户,从而达成更多销售成就的例子。

祝愿你每天、每周、每月、每年以及今后的生活中都充满了"好的"。

前言

为什么说舒适区就是能量区

一位客户最近告诉我,她之前的教练说"走出舒适区才能做成生意"。我们也都听过这种建议,然后努力走出舒适区,为了获得成功去尝试所谓"应该"做的事。而本书将要打破这个长久以来的神话。

几十年来,销售培训师们一直传授的销售方法主要是死缠烂打的推销和应对拒绝的话术,这些方法教你如何"控制"对话。

对许多人来说,控制对话意味着"控制他人",这会令人产生焦虑感,导致降低达成销售的可能性。销售人员和潜在客户普遍认为这种方法缺乏真诚、咄咄逼人。

米米·安(Mimi An)在她的文章《顾客原声:销售应当

> **好销售，不违心：** 在你的舒适区内拿订单

如何转变》（*Buyers Speak Out: How Sales Needs to Evolve*）中描述了客户管理公司 HubSpot[①] 2021 年销售支持报告的研究结果：通过没有指向性的开放性问题让受访者描述销售人员，销售人员仍然被与咄咄逼人、过于激进等特质联系在一起。

销售人员最害怕的事情之一就是过于咄咄逼人，因为这需要他们：

- 违背与人建立联系的自然方式。
- 与从小被教导的与人为善不一致。
- 需要学习如何在感到有风险、不舒服的情况下拿订单。

心理学家、精神病学家、医生和研究人员已经通过大量论文和无数研究证明，承担风险和压力会制造更多焦虑。

常见的培训技巧迫使销售人员走出舒适区，这个过程往往令销售人员觉得必须改变自己，这也意味着与自己的核心价值产生矛盾。

忧心忡忡的情绪会给自尊心带来负面影响，进而导致自

---

① 一家开发互联网营销软件解决方案的公司。

己缺乏信心、销售业绩不佳。害怕自己变得咄咄逼人也是销售人员频繁更替的原因，没有人喜欢一次次被拒绝。因此很多人在接受了死缠烂打的销售策略培训后就选择了辞职。

当然，你可能曾经找到某种方法似乎真的走出了舒适区，如果比较幸运甚至还感到很享受。但事实上，这种享受只是因为你找到了扩大舒适区的方法，而非真的离开了舒适区。

举个例子，在大堡礁浮潜对我来说看似是一件走出舒适区的事。我并不太擅长游泳，之前也从来没有浮潜的经历，所以感到极其不安和紧张。但我并不想错过近距离观赏珊瑚和海洋生物的机会。

事实上我并没有走出舒适区，只是通过做了真正想做但以前没有做过的事情把舒适区扩大了一点点。我参加了一节浮潜速成课程，然后全程待在向导附近获得安全感，最终顺利完成了这项打卡计划。

可以把扩大舒适区这件事比作一条运动裤上的松紧带，这是我的朋友科里亚尼·巴普蒂斯特（Koriani Baptist）想到的。松紧带有一定的弹性，这样就可以给运动留出适量空间。我们的舒适区也像松紧带一样，每个舒适区都有特定的功能和边界，而一定程度的弹性使舒适区可以在略微扩张超出边界的同时仍然完全发挥功能。然而如果变形或扩张过度，以至于真的打破了舒适区，那就再也无法发挥功能了。

松紧带和运动裤与销售有什么关系呢？那可太有关系了！

越来越多的人强烈呼吁，希望终止对潜在客户和客户造成压力，且将销售人员逼到极限的做法。舒适区的可扩张范围足以推动个人成长和业务增长。为了支持这一事实，创意领导力中心发布的《职场中的女性：为什么女性会成为出色的领导者以及如何留住她们》（Women in the Workplace: Why Women Make Great Leaders and How to Retain Them）一文中提到，研究表明人们更喜欢与自己的核心价值、目标相符的，对自己有意义的工作。文章称人们想要"一种被社会科学家称为'使命'的工作，指的是人们发自内心想要去追寻、感到快乐且有意义、并视为自己身份重要部分的那种工作。研究表明，把工作当作'使命'与提高工作满意度直接相关"。

因此，在本书中你将发现一种全新而又简单的销售方式，通过逐步扩大舒适区让你在销售过程中始终保持灵活性和弹性，即使面对客户的拒绝，你也可以和自己的使命保持协调。

通过调整目标，你会发现如何与你自己、你在销售的商品或服务、你的潜在客户以及你对潜在客户说的话保持协调。

前言

这就是我所说的"在舒适区销售",我称之为"协调营销"。本书将引导你学习协调营销的公式:

协调 + 信念 × 坚持 = 销售、满意和成功

这种颠覆性的方法引导销售人员远离咄咄逼人、死缠烂打的销售策略,这些策略都超出了天然的舒适区。相反,它会教你如何将解决问题作为与潜在客户建立联系的第一步,从而为销售人员这一角色赋予意义。

使用这个公式可以建立信心并找到实现目标所需的正能量。积极性越高,就越有可能持续行动,每天都能有所成长,在不打破临界点的前提下逐步实现更大的目标。

在舒适区工作可以使你与自己的核心价值和性格特征保持协调,你将有更多信心、精力和勇气来实现目标,这大大增加了你完成销售、获得满足和实现成功的可能性。

当我和引奇咨询机构首席执行官萨姆·霍恩聊到协调营销公式时,她的反应让我非常喜欢。她说:"这意味着如何从不协调到协调、从感觉有问题到感觉很好、从不舒服到舒服、从避之不及到积极欢迎、从业绩不佳到业绩良好。"

为了让你能持续采取行动,本书通过各个章节说明了如何与你自己、你的公司以及你的理想受众或潜在客户保持

协调。

你可以按照以下步骤建立个人的协调策略：

1. 确定你的独特优势，以及你为什么选择销售这些产品或服务。

2. 打造你的个人品牌，既要符合公司的使命，又能说明你是谁、哪些问题是只有你能解决的，以及你想服务哪些人（理想受众）。这会决定协调的范围。

3. 培养你对理想受众以及他们急需解决的问题（痛点）的确定性和信心。

4. 找到符合理想受众标准的人并与他们建立联系，线上或线下的形式都可以。使用全新的协调营销公式，你不再需要反复打扰朋友和家人。不仅如此，你还将学会如何与一直等待你出现的人展开对话。

5. 增加与理想受众的情感互动，同样线上或线下皆可。

6. 与理想客户建立联系，经历"了解－喜欢－信任"的阶段并过渡到销售，直至建立长期联系并使双方都感到满意。

7. 每天练习逐步扩张你的舒适区，以免在得到越来越多时感到不知所措。

前言

多年来我指导了数千名销售代表使用协调营销公式,以下是他们的反馈:

- 与潜在客户建立了更牢固、更令人满意的联系,从而实现了更好的销售业绩。
- 工作满意度提升。
- 自主动机增强。
- 对公司和公司使命有了更长期的认同。

我很荣幸地采访了五位客户,了解他们使用协调营销公式开展业务的效果,以及将这一公式分享给他人的经验。本书中引用了他们每个人的原话来帮助你练习书中的建议和技巧。以下是关于这五个人的简介:

科里亚尼·巴普蒂斯特:"共同生活咨询机构"(Keepin' Your Life Together Consulting)创始人,致力于帮助黑人女性企业家提升自我。

卡罗琳娜·M.比林斯(Carolina M.Billings):"当代女强

人"（Powerful Women Today）机构创始人，这是一个由极具影响力的女企业家和职业女性组成的全球性社区，她们希望通过展示自己的观点、专业知识、才华、经验和激情对世界产生影响。

艾莉莎·马德根（Elisa Mardegan）：社交媒体营销顾问，她通过为女性营销人员制订个性化方案帮助她们快速增加销售额，从而克服各种不同销售方法给她们带来的困惑。

斯蒂芬妮·Y.奥登（Stephanie Y. Oden）：一位在生活和事业上都非常成功的策划人，拥有一套行之有效的方法和工具体系，帮助企业家在过好生活的同时实现销售量的提升。

蒂埃里·亚历山大（Thierry Alexandre）：帮助企业家和网络营销人员寻找最合适的销售线索，使他们可以在享受乐趣的同时更快实现品牌赢利。

通过本书中所述的方法，你不再需要猜测哪些人更有可能是产品或服务理想的潜在客户，你将很容易地知道谁会说"好"，尽快将注意力集中在这些潜在客户身上，从而使销售过程更令双方满意。

　　你的舒适区就是你的能量区。让我们回到协调的状态，拿下更多订单！

目录

第一部分 PART 1 | 你和你自己协调吗

第一章 如何停止自我背叛式销售 / 3

第二章 松紧带效应 / 11

第三章 你的舒适区边界在哪 / 17

第二部分 PART 2 | 你和你销售的产品协调吗

第四章 你相信自己销售的产品吗 / 31

第五章 待在舒适区可以提升你的可信度 / 40

第六章 通过"了解－喜欢－信任"原则促成销售 / 54

第七章 你想了解谁 / 70

第三部分 PART 3 | 你和你的潜在客户协调吗

第八章 客户是否知道你有多在乎他们 / 77

第九章 对理想客户更易表现同理心 / 95

第十章　去哪找理想受众——那些希望你能解决他们问题的人 / 107

第四部分 | 你和你说的话协调吗

第十一章　丢掉话术 / 113

第十二章　如何达成更多销售并建立有价值的联系 / 123

第五部分 | 在舒适区销售的日常方法

第十三章　对自己负责 / 139

第十四章　制订成功计划 / 144

第十五章　避免与他人进行比较 / 152

第十六章　别被挫折打倒 / 157

第十七章　自我认可与庆祝 / 162

总结　让公式为你所用 / 173

讨论大纲 / 179

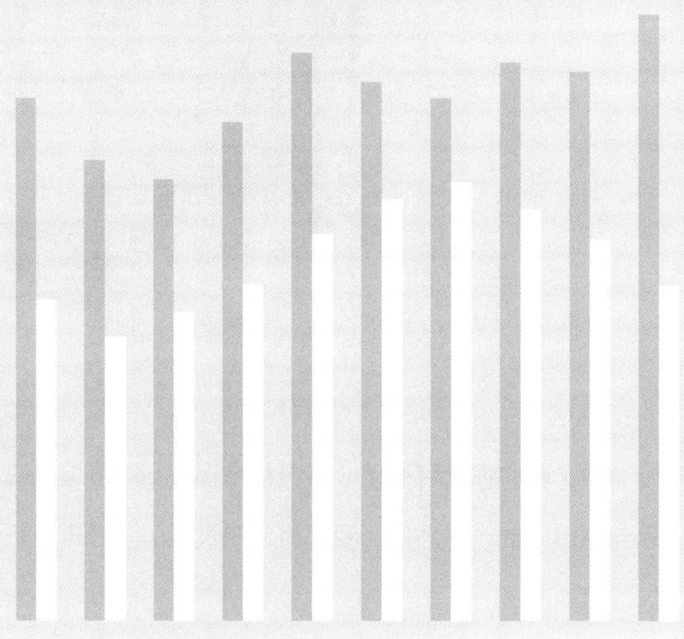

你和你自己协调吗

第一部分
PART 1

为了帮助你在自身核心价值和性格特征的舒适区内发现与生俱来的个人力量，我们将首先挑战关于"走出舒适区"的神话。

有这样一种误解：那些不走出舒适区的人是懒惰或缺乏动力的，因此他们永远不会成功。

事实上，更多证据表明冒险走出舒适区所产生的焦虑会导致拖延和不作为，这是由人类对压力的本能反应造成的。

在这部分中我们将明确你舒适区的范围并讨论松紧带效应，从而确定扩张个人舒适区所需的灵活性，这样你就可以在不超出临界点的情况下在尽可能大的舒适区范围内实现成长并获得成就。

第一章
如何停止自我背叛式销售

有一种非常流行的关于走出舒适区的神话是这么说的：待在舒适区就意味着懒惰、缺乏动力、停滞不前。

问题

很多销售培训师会告诉你，为了取得进步必须要有紧迫感和压力。他们认为只有经历无法忍受的痛苦和不适才能做出改变。他们还说在重压之下你会更加专注、更有创造力、充满动力并且效率倍增。这些培训师常说大脑好逸恶劳。因此，必须忽略大脑的想法而去冒险才能知道你自己到底有多大的潜力。

这些培训师坚持认为你必须要有进取心、坚定自信、随时做好被拒绝的准备，才能像他们一样取得成功。为了验证这一观点，他们将销售与商战进行对比。没有人愿意投入战斗，但这在商业领域必不可少。毕竟战争造就英雄豪杰。

他们的口号是：不经历风雨，怎能见彩虹！

战逃反应

难道他们没听说过压力、恐惧和已知的危险会让人产生战逃反应吗？

心理学博士卡洛琳·费舍尔（Carolyn Fisher）在《克利夫兰临床医学杂志》(*the Cleveland Clinic*)的一篇文章中写道，"战逃反应，或者说应激反应，是由释放激素触发的一种使人留下战斗或转身逃跑的反应。在反应过程中，全身所有系统高效运作以确保我们在险境中存活"。文章还指出，"长期生活在没有明确原因的高度警觉和压力状态下对身心健康有害"。

面对压力和恐惧产生的战逃反应通常会对身心造成以下负面影响：

- 心率和血压升高。
- 皮肤苍白或潮红，可能会感到寒冷潮湿或燥热流汗。

- 高度敏感，可能会感到坐立不安或疑神疑鬼。
- 记忆模糊或混乱。
- 大小便失禁。

这些对压力和恐惧产生的反应恐怕无法带来更强的自信心和更高的产出。

那些试图走出舒适区的人很少成功，或许就是由常见的销售培训方法给销售人员带来的战逃反应导致的。对失败的恐惧和对风险的焦虑远远超过任何可能的回报。

黛比·曼德尔（Debbie Mandel）是《压力成瘾：七步帮助女性找回生活中的快乐与天性》（*Addicted to Stress: A Woman's 7-Step Program to Reclaim Joy and Spontaneity in Life*）一书的作者，对于这个问题她是这样描述的："我们中的许多人都忙于逃避性格上的缺陷，想要成为另一个人。"然而，她警告说试图改变性格会带来压力："压力是一种极具破坏力的感受，它是各种疾病的根源。压力会消耗精力和创造力，还会破坏人际关系。"

举例而言，科里亚尼·巴普蒂斯特告诉我，她认为自己是一个勇往直前的人。她解释说："当我决定要做什么的时候，通常没有人能阻止我实现目标。但当我遵循那些销售培训师教的'拥抱拒绝'的方法时，我在一次次被拒绝后停下了脚步。按培训师说的，被人拒绝的时候我要提醒自己尊重对方的想法。但这根本不是我自己，这种感觉非常糟糕，我觉得自己很虚伪。"

不仅如此，过度关注自身感知方面的缺陷还会引发心理健康问题。美国国家精神疾病联盟（National Alliance on Mental Illness）认为，自卑和对生活的不满会导致人际关系障碍、成瘾倾向、焦虑和抑郁问题。

你能走出自己的路吗

我曾对数百名企业家进行了调研，询问他们觉得走出舒适区对成功来说是否重要。绝大多数人同意这一说法。这说明他们大都相信必须走出舒适区的神话。然而当被问到是否愿意违背自己的核心价值时，所有人无一例外地表示不愿意。

这是否意味着他们其实很清楚，试图去做不想做的事、成为不想成为的人会产生内心冲突和焦虑。人类怎么可能真正走出舒适区呢？只有在舒适区内，人们才能保持协调并真正获得成功。

也许告诉我们必须走出舒适区的人实际上是在说"我可以教你走我的路"。如果他们做成了之前没做到的事,那只是因为他们的扩张范围仍然在自己的舒适区内,他们仍然与自己的价值和使命保持协调。

解决方案

在核心价值和性格特征的舒适区内发掘可用的个人力量。

力量和信心来自这样一种感觉:我们知道该做什么,并且可以靠自己做到。在熟悉、安全、可靠的区域开展行动,此时焦虑和压力处于最低水平,我们可以很自在地前行。在这个区域内,我们不断地完成任务、锻炼技能,这也符合我们的核心价值和目标。

科里亚尼·巴普蒂斯特描述了使用协调营销公式以及待在舒适区对她造成的影响:"当被告知待在舒适区也可以获得成功时我松了一口气。当时我就觉得可以在做自己的同时达成销售,并且我因对客户和自己都保持尊重而感觉良好。"

内心满足感的另一来源

当确信自己的能力对他人有帮助时,我们就会发现另一种内心满足感的来源。过往任务中的成功经验告诉我们,需要类似经验的新任务很可能也会取得成功。而对成功的渴望会让我们愿意为完成这些相似的新任务付出更多努力。

斯蒂芬妮·Y.奥登描述了在舒适区内扩张的感觉。她说:"如果为了实现目标必须学会一些新技能,那么就需要自我扩张。只要有一个小小的声音说'我觉得我可以',那么即使一开始做得不对,我仍然对取得成功有了一定的信心。"

我们能够快速学会新事物是因为过去做成过类似的事情。在舒适区培养习惯和进行日常活动也同样简单。

"无畏生活研究所"(Fearless Living Institute)的创始人朗达·布里顿(Rhonda Britten)在接受美国互联网医疗健康信息服务平台的采访时分享了她对"舒适区使人更强大"这一观点的看法:"我对那些号称走出舒适区的人并不感兴趣。事实上,你应该想办法尽可能扩大舒适区,这样就会对更多领域拥有控制力。有些人觉得舒适区是乏味的代名词,其实不然,舒适区是庇护所,在这里可以节省精力,甚至什么都不想。如果你否认自己的舒适区或假装自己不需要舒适区，那就会一直倍感压力。"

自我满足助力成功

心理健康专家一致认为，自我满足的感觉可以改善心理健康。这种满足感会使大脑分泌多巴胺和血清素，而这些神经递质会令人感觉良好。

满足感可以带来的积极表现包括但不限于：

- 改善心情。
- 提高注意力和专注力。
- 提高生产力和创造力。
- 提高分析能力。
- 增强动力。

这些都是助力成功的因素！此外满足感对生理健康也有好处：

- 改善睡眠。
- 改善消化能力。
- 增强免疫系统。
- 延长寿命。

作为将压力转化为满足感的一个例子，我经常听到新客户说他们多年来一直试图遵从他人对时间管理或保持自律的建议。这种"照别人说的做"的压力和渴望往往源于童年时父母对我们行为举止的要求。

我鼓励他们认识到现在可以自己掌握生活。停止按照所谓"应该"的方式去做，这一点非常重要。我建议他们自行思考和探索时间管理和保持自律的方法，这对增强身心力量很有帮助。

一旦做到这一点，他们就会发现自己其实很能干且有创造力。他们不再低估自己的能力，在销售产品或服务时感到更加自信有力。

第二章
松紧带效应

如果将松紧带拉伸到超出弹性范围之外,松紧带就会失去弹力甚至断裂。人也是一样。

问题

"我快到极限了"这种说法很好地说明了松紧带效应。这意味着我们已经被推到了安全舒适区之外,已经准备好遭受心理或生理上的崩溃甚至是身心俱疲。人就和松紧带一样,一旦崩断就会觉得自己摇摇欲坠,无法再给任何人提供支撑。

朗达·布里顿(Rhonda Britten)的靶子比喻也很好地描述了这种临界点:

- 靶心这圈是舒适区。
- 往外一圈是弹性区。

- 再往外一圈是危险区。
- 超出危险区就会进入死亡区。

因此,在这个比喻中游戏的目标就是击中靶心。

解决方案

为了实现更大的目标,需要逐步将舒适区的范围尽可能扩大到安全范围的边缘。

如果坚信自己有某个目标或某种使命,你就会知道与自己与目标保持协调或与目标不协调是什么感觉。

要知道舒适区的边界实际上是你的核心价值。松紧带的拉伸幅度是有限的,超过限度就会崩断,人也一样。我们必须逐步进行扩张,舒适区的安全范围有明确边界,在这个边界内我们会感到自身是协调的。

举例而言,仅仅告诉内向的人要走出保护壳、要多与人社交、要多自我曝光,除非他们自己想主动社交,否则这种做法是不可能立即见效的。

社交媒体营销顾问、网络营销和联盟营销人艾莉莎·马德根告诉我,她第一家就职的销售公司希望她走出去当面与人沟通。这超出了她的舒适区范围,所以她不愿意这么做,最终选择了辞职。

后来她学会了与人通过网络沟通,并选择了一家鼓励销售代表使用社交媒体营销的公司。艾莉莎说她觉得以这种方式与人沟通非常舒服,感觉双方是平等的。因此她每天都能达成销售,在工作中享受满足感并获得成功。

逐步扩张的例子

以下是我自己生活中的一个例子,说明如何在保持自己的核心价值"对自己负责"(对自己的所有选择负责)的同时逐步扩大舒适区的安全边界。

小时候我总是把想法藏在心里,喜欢一个人躲在角落。被人提问会让我很不舒服,我也不希望以任何方式成为焦点。

全世界我最喜欢的地方是我的卧室,这是我看书和写故事的地方。我可以连续几小时只做这两件事。有一年夏天,我决定要读完一定数量的书来赢得读书比赛,并对这个选择负责,于是我有了更多在房间里独自阅读的时间。

我妈妈会要求我出门和别人一起玩，她担心我总是一个人。我不喜欢和邻居家的孩子们待在一起，他们好像也不喜欢我，可能是因为我又弱小又笨拙。我不擅长团体运动，所以在组队选人的时候他们总是最后才选我，这让我很不舒服甚至感到焦虑，因为在他们看来我一无是处。

不仅如此，离开书本的每一分钟对我而言都是对赢得比赛的不负责任。离开卧室不能做喜欢的事情让我觉得自己就像一条离开水的鱼。我真的就像一根拉伸过度的松紧带，无法发挥应有的功能。

小时候的这些经历在我成年后生活中的很多时候都会出现。和其他人一起参加活动时我总是害怕做错事或说错话。直到上大学选专业的时候我才有了不同的感觉。后来，我选择了对自己负责的工作，可以写作，可以旅行，还可以为改变世界出一份力。

当时我们家有个关系很好的朋友是一家大型电子公司的公关部负责人。某个夏天我有机会和她一起工作了几个星期，我喜欢上了她的工作。

然而我意识到，要想在这样的工作中取得成功，我必须学会如何在与他人互动时保持自信。我选择通过"对自己负责"逐步扩张我的舒适区来进行学习。

这种工作很好的方面是我仍然可以作为写文章的人待在幕后。只需要参加一些关于如何提问和收集信息的培训就可以了。因为选择的职业符合我的核心价值和目标，所以我愿意在舒适区内略微伸展，学习向他人提问的新技能。我参加了一些课程，渐渐地变得更有安全感和自信心。

通过参加市场营销、广告和广播电视制作课程，我进一步扩大了舒适区。将我的各种技能结合在一起，从而获得了在两家500强企业和一所著名大学任职的经历。

随着在这些职位上获得技能和信心，我逐渐感到自己有责任成立自己的辅导和咨询公司，以解决企业中常见的营销和销售问题。

为了确保能自信地经营自己的生意，我选择先接受了六个月的培训。在那段时间里我非常愿意在弹性区进行探索和发现，同时学习取得成功所需的新技能。

在那几个月里，我知道如果感觉自己接近了危险区，我可以停下来回到舒适区，也可以从其他人那里获得帮助，然后以较低水平的压力和焦虑继续学习新技能。我尝试过求助，并顺利得到了帮助。

很高兴地告诉你们,我在计划好的时间开始了自己的咨询业务,感觉自己已经击中了协调的靶心!从那一天起,二十五年过去了,我的满足感与日俱增,我的销售业绩和成就也与日俱增。

对了,顺便说一下,那年我真的赢得了读书比赛!

第三章
你的舒适区边界在哪

舒适区的边界之内是我们感到安全的地方。处于舒适区时我们觉得自己生来就是为了实现某个目标，或者受到召唤去做某件事。

确定舒适区的边界

舒适区是由我们的核心价值决定的。就像松紧带一样，舒适区有一定的弹性可以适当扩张。随着个人和专业能力的增长，我们可以承担一定的风险并适应各种情况，舒适区也随之扩大。

在这个边界之内我们感到与自己的核心价值紧密相连并保持协调。这种协调使我们有信心去追求梦想，并让我们能自由地在坚持核心价值的前提下持续成长、提高技能。当我们觉得自己生来就要完成某种使命时就很容易成长。

科里亚尼·巴普蒂斯特第一次来找我指导销售和营销时，

我请她告诉我她的核心价值。她说从未有人问过她这个问题。她后来说："我以前认为销售工作与我生活中真正重要的事情没有任何关系。销售是在我之外、与我无关的东西。当你问我这个问题时，我意识到销售和发展业务实际上都与我自己有关。我的核心价值是诚信，所以我在工作中所做的一切都必须保持诚信。"

你在哪些时候感觉很好

现在花点时间回忆你学习某种新技能的时刻，例如演奏一种新乐器、写一本书、缝一条毯子，或者在社交媒体上赢得观众，你通常都很享受这个过程。

在这个过程中你明确知道为什么要这么做。掌握新技能时你会觉得自己与目标和使命是协调的。可以说以这种方式扩张舒适区令你感觉良好。

找到舒适区的边界

再花点时间回忆你觉得自己应该学会某些新技能的时刻。

这可能是拖延的开始。也许你从未真的掌握过新技能，因为你看不到这么做有什么意义。

你可能会想为什么自己总是半途而废，也许还会因没能完成任务而感到自责。

但这对你来说也可能是一个好消息：在这个过程中你发现继续向前会违背自己的核心价值，这意味着你找到了舒适区的边界。

恐惧是一种警示

在这段经历里，你可能会觉得自己在试图取得成功的过程中变得扭曲，可能会感到焦虑或担忧，而这使你放慢了前进的步伐，对于继续前进将会发生的事情感到恐惧。

其他人会告诉你，想要成功就必须直面这种恐惧。而我认为恐惧说明将要发生的事情超出了舒适区，而我们无法找到与核心价值和重要的事保持协调的方法。恐惧是在告诫我们进行自省，要确保努力的方向与自己的价值和目标保持协调。

如果发现前进令人痛苦，我们可以相信朝着这个方向继续向前一定会走出舒适区。如果忽视这些感受，在持续的压力之下就会达到极限，这时我们会失去个人力量，不再有信心支持他人，我们会极其脆弱、经常崩溃，变得对自己和他人都毫无用处。

你可能并不是拖延症或完美主义

发现自己因恐惧而停下脚步，这与拖延症或完美主义毫无关系。

如果你认为自己是拖延症或完美主义，我必须要说你很可能已经超出了与个人价值保持协调的伸展区。当你无法继续前进时，如果没有核心价值的内在指引就可能会迷失方向，难以重新感受到安全和力量。

核心价值是指导我们行为和决策的基本信念。核心价值会对生活产生重大影响，甚至比人格特质更加有力。

心理学家苏珊娜·史密斯（Suzanne Smith）和雷恩·哈蒙（Raeann Hamon）将价值定义为"衡量事情是否必要、值得、恰当的标准。价值赋予生活意义，为我们塑造目标并提供方向。"

核心价值和道德价值的关系

核心价值也会影响道德价值,而道德价值影响着我们向善的欲望。道德价值与伦理稍有不同:道德是规则,而伦理为行为提供动力。

下面这个例子可以说明伦理、道德和核心价值如何共同作用,从而使我们感到安全和有保障,并确信自己知道该做什么:

- 伦理——不应该对你的顾客撒谎。
- 道德——诚实是好事。
- 核心价值——信誉对你很重要。

当感觉安全、可靠、自信时,我们就在舒适区内。这种信心还提供了一种力量,可以让自己在保持与核心价值协调的同时适当扩张和成长。

我曾询问虚拟活动销售机构(Virtual Event Sales Team)的首席执行官鲁道夫·罗德里格斯(Rodolfo Rodriguez)是否相信与自己的核心价值保持一致有助于取得更大的成功。他

是这样回答的:

生活中的种种结果都是我核心价值的反映。不同的成果取决于在那段时间我最看重的价值。举例而言,我在销售方面取得了成功,因为我的三大核心价值中前两个是贡献和成长。我相信不进则退,不能停滞不前。对我而言看到他人获得成长就是一种幸福。我热衷于教导他人并提供助人成长的服务,因为这让我与自己的价值紧密联系。

贡献和成长是我们在过去五年中获得超三千万美元培训服务销售额的原因。没有任何一天的工作令我感到艰难。我们招募了很多优秀的销售人员,通过面试筛选出了重视团队合作、正直和智慧的人,这对获得三千万美元销售额有很大作用。

他接着解释说在他人生的另一个领域——金融投资中,他做出了错误决定进行高风险投资,因此损失了很多钱。当他选择扩大舒适区,将"理性的智慧"作为第四个核心价值后,他的金融投资就变得收益颇丰。

常见的核心价值

下面列出了最常见的核心价值。在阅读时问自己这几个问题：

这些核心价值哪些是我的前三名？

哪项核心价值对我来说最重要？

哪些核心价值对我来说最不重要？

我的核心价值都被提到了吗？如果没有请补充。

这些问题旨在帮助你发现自己舒适区的边界，以确保知道哪些核心价值对你而言是最重要的，进而能够做出符合这些核心价值的选择。

冒险精神	家庭
爱护动物	无畏
可靠	经济独立
仁慈	灵活
正直	自由
理性	友谊
快乐	有趣

正义	慷慨
沟通	成长
同情	诚实
连贯	善良
贡献	博学
合作	领导
勇敢	爱
创造力	忠诚
多样性	积极
高效	心胸开阔
情感独立	乐观
环保	坚定
平等	可信
信念	尊重
责任心	公开透明
对自己负责	值得信赖
自我认可	财富
自爱	健康
服务他人	
社会责任	

无与伦比的价值

你的核心价值清单是无价的。它是你自信的源泉。记住这份清单，你会觉得掌控了自己的生活，因为你相信自己知道前进的方向。你将从这份清单中获得勇气和动力逐步扩展舒适区，从而实现更大的个人和商业目标。

斯蒂芬妮·Y.奥登与我分享了她的三大核心价值：忠诚、对自己负责和乐观。她告诉我以前遇到消极被动的人她会尽最大努力鼓励对方，但一次次这么做让她感到筋疲力尽。在发现了协调营销公式后她不再这么做了，因为她意识到那些表现消极、需要在他人的督促下才能完成目标的人并不是她的理想客户。她现在知道自己要吸引的是像她一样忠诚、对自己负责、积极乐观的人，这让她感到非常安心。

艾莉莎·马德根的三大核心价值是自由、勇气和家庭。刚开始做生意的时候，她并不考虑自己销售的产品和买家是否符合自己的核心价值。很快她就发现当时所在的公司明显不能支持她获得更多勇气。公司让她独自一人处理业务，尽管她既不知道该怎么做、也没有信心按时完成。她缺少单打独斗的勇气，同时意识到公司并不像她一样重视家庭。最后她选择不再销售这家公司的产品。

蒂埃里·亚历山大的核心价值是自由、自我认可和爱。他每天早晨做的第一件事就是冥想，将注意力放在核心价值上，让自己与核心价值保持协调。他说这使他能更好地度过一整天，更容易与他的潜在客户建立联系，以及更加确定自己要做什么。

在接下来的章节中，你将看到他们和其他人如何使用自己的核心价值清单实现销售、拥有强烈满足感，以及通过与自己的核心价值保持协调从而获得成功。

你也可以做到！

你将学到如何利用克服困难的经验销售你所代表的产品。你可以改变人们的生活，成为你所服务的人的希望和灯塔，同时感觉生活在自己的掌控之中，能够追求热情所在并享受充实的生活。

同时，现在你知道了自己核心价值的优先顺序，因此可以在任何情况下有意识地做出选择。即使在适当伸展的过程中需要学习新技能，也可以坚持做自己、保持与核心价值的协调。

你也会很快意识到自己何时感到不协调。当你注意到自己被要求以一种感觉不舒服或危险的方式向外伸展，这时候就该审视自己的核心价值了。你想通过这种方式伸展扩大舒适区吗？或者这种伸展会让你超出舒适区达到极限吗？在这两种情况下，任何时刻你都可以控制伸展扩张的程度。这种控制本质上是个人力量，使你可以在安全可靠的舒适区内充满信心地实现目标。

你的目标是什么

在思考你的目标之前，先来看看我的客户告诉我的一些目标：

- 每天都能吸引到有消费意愿的买家。
- 成为顶级销售人员，在公司的表彰大会上领奖。
- 为人们的生活带来积极改变，赢得全行业的认可和尊重。
- 有足够的钱可以随时买任何想要的东西。

现在花点时间列出你自己的商业和个人目标。在确定目标时请考虑以下问题：

- 这些目标与我的核心价值协调吗？
- 如果不协调，我会如何调整目标使之与我的核心价值保持一致吗？
- 我还有哪些与核心价值相协调的目标？

根据与核心价值的协调性来定义你的目标，在客户眼中你将变得更加值得信赖，这会让你有更多机会与客户建立联系。

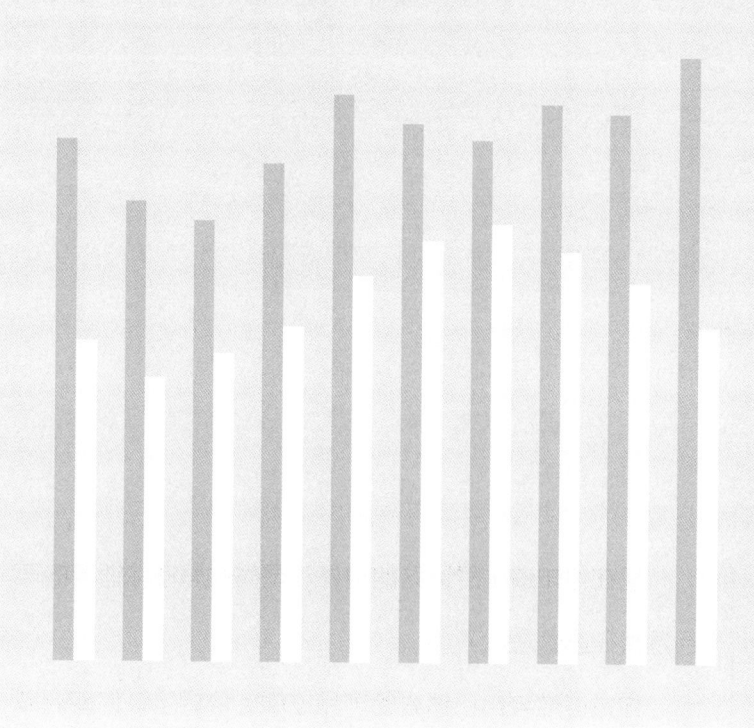

你和你销售的产品协调吗

第二部分
PART 2

现在你知道了舒适区的边界,是时候思考你销售的产品是否在边界之内了。

你觉得你与自己销售的产品或服务协调吗?你能真诚热情地介绍它们的好处和价值吗?

越是与你销售的产品保持高度协调,对潜在客户而言你就越值得信赖。在这一部分我将解释这种信任如何使销售变得更容易。

我希望你能思考如何通过"了解－喜欢－信任"的循环与你正在销售的产品建立令人满意和舒适的联系。我还会教你如何确定理想受众,即你希望"了解－喜欢－信任"的人,以及可能与你达成交易的人。

第四章
你相信自己销售的产品吗

最近的统计表明，超过一半的销售人员如果换一种不同的产品或服务进行销售，会比他们现在做得更好。

问题

赫伯·格林伯格（Herb Greenberg）、哈罗德·韦恩斯坦（Harold Weinstein）和帕特里克·斯威尼（Patrick Sweeney）在他们的著作《如何选拔培养下一个最佳执行者》（*How to Hire and Development Your Next Top Performer*）中有项研究对比了几十年来进行的数以万计的评估结果。他们发现55%以销售作为职业的人应该改行。另外20%~25%的人拥有做销售所需的特质，但他们应该卖些别的产品或服务。另一项研究发现55%的销售人员并不具有取得成功必备的技能。

55%的销售应该改行，55%的销售不具备获得成功的技能，我认为这两者之间存在相关性。

为什么销售人员难以成功

这些结果让我们提出这样一个问题：为什么这么多销售人员难以获得成功？

销售专家将其归因于两个因素：

- 公司的招聘和选拔流程。
- 公司将员工分配到与其技能不匹配的岗位。

客户成功服务机构增长游戏（GrowthPlay）的人才和组织效能业务总裁兼总经理特雷西·维克（Tracey Wik）表示，这两个因素都与同一个根本问题有关，即对个人优势和技能的混淆。

责任在于销售人员

销售顾问通常将解决问题的责任交给公司。他们提出了开展各种性格测试等方法来消除招聘过程中的不确定，并帮

第二部分 你和你销售的产品协调吗

助销售经理为每个职位选择具有适当技能的人员。

对此我有不同的看法。我认为责任在于销售人员自己。

鲁斯·德文（Russ DeVan），成功设计体系（Success by Design Un—Training System）的创始人也同意我的观点。他的项目旨在使销售团队始终保持高效。当我们讨论这个话题时，他说："我们并不是总能得到自己想要的，但几乎总能得到我们努力做的，而我们总是会努力做些什么。"

只有当销售人员确保他们与销售的对象和方式协调时才能消除这种困惑，反之亦然。

以下是大多数销售培训计划所基于的三个信念：

- 在销售过程中，被拒绝是理所当然的。你会听到"不"，而且经常会听到。这很正常。重要的是你如何处理他人的拒绝。
- 除了努力工作，没有任何灵丹妙药能让销售变得更简单。
- 我倾向于认为销售是优雅地说服他人而非操控他人的能力，最终目的是实现双赢的局面。

如果这些信念是公司提供的销售培训的基础，而销售人员认为他们的核心价值与这些观点不一致或不协调，那么他们就做不好销售。

协调带来信念。信念转化为行动，这是好的迹象，意味着问题可以很容易被解决。

解决方案

保持协调会让你很容易对自己销售的产品或服务产生信任。当我询问授权企业家协会的创始人杰基·夏普（Jackie Sharpe）是否同意我的观点时，她的分享使我受到启发："首先，你必须相信你所销售的产品或服务。如果你自己没有在用所销售的产品或服务，那就很难发自内心地推销。然而你必须发自内心地说出你的信念，以便将你的信念与你的潜在客户、已有客户、朋友，以及潜在的创业者联系起来。通过这种信念和热情，你可以推动'了解–喜欢–信任'的过程，进而达成更多的销售"。

艾米·加洛（Amy Gallo）在《哈佛商业评论》（*Harvard Business Review*）上写道，最成功的销售人员会让个人目标与工作目标保持一致。这表明与所售产品协调的销售人员更加乐观和成功。著名销售专家齐格·齐格勒（Zig Ziglar）的基本信念就是成功的销售人员需要相信自己所销售的东西。

艾莉莎·马德根完全相信自己销售的产品。如前所述，她选择公司的原则是与她的核心价值保持一致。她说她的最高价值是"自由……我在公司遇到的每个人都向往时间自由和金钱自由，我们的想法都一样。公司像一个大家庭。每个人都乐于助人。我可以自由地做我自己，说我想说的话"。

在如何帮助他人体验更多自由方面，通过设身处地关注自己希望如何被对待，艾莉莎可以与潜在客户建立在心灵和销售方面都令人满意的联系。

把工作当作使命

创意领导力中心发表的文章《职场中的女性：为什么女性会成为出色的领导者以及如何留住她们》中提到，一项研究证明，人们更喜欢与自己的核心价值、目标相符的、对个人有意义的工作。他们想要"一种被社会科学家称为'使命'的特定类型的工作。使命是人们感觉受到吸引从而去追求的工作，他们觉得这份工作本质上是令人快乐且有意义的，并将其视为自己身份的核心部分。研究表明，将工作视为'使命'可以有效提高工作满意度"。

商业和营销顾问、培训师、领导力培训机构 My Lead System PRO 的联合创始人诺伯特·奥勒威茨（Norbert Orlewicz）也相信这一点。我们就这个话题进行了一次对谈，他在对谈中表示，"当销售延伸出更深层次的目的，它也可以成为一种使命。当你的业务与核心价值相协调时，你就会变得充满激情，不再只是单纯的销售人员，而是成为积极分子，对你所销售的产品具有愿景、使命和目标"。

以下是一些关于销售的积极且令人满意的陈述：

- 销售结果取决于销售人员的态度，而不是潜在客户的态度。
- 人们在做决定时并不注重事实。他们宁愿产生一种好的、令人满意的情感，而不是被告知一堆事实。
- 如果你想建立一个长期、成功的企业，你不需要达成销售，而是需要建立联系。
- 没有一个品牌适合每个人，也没有一个人适合所有品牌。

- 很多时候销售人员只是一遍遍重复并期望能达成销售。这是行不通的。

如果公司提供的销售培训侧重于这类陈述，并且销售人员与这些说法相协调，那么他更有可能采取行动进行销售。

鲁斯·德文认为"当我们与产品相协调时就会很关注产品或服务的价值，这是因为我们与它保持协调，并且在推销时也是这种感觉。我们的全情投入会被认为代表了真实和激情。正是这种真实为我们的客户创造了更大的价值。当获得的价值超过付出的成本时，潜在客户就会同意购买我们正在销售的产品或服务"。

信心带动销售

信念引领行动，而信念的基础是与你的核心价值、伦理和道德保持一致。如果你不相信所销售的产品或服务，或者你认为它实际上不能解决潜在客户的问题，那么每次进行销售时你都会面临道德困境，这会降低你对自己所做事情的信心，怀疑它是否真的是对的或好的。

缺乏信心和协调性会使你产生焦虑，从而削弱你前进的动力。潜在客户会感觉到你对产品或服务缺乏信心和信念。即使你完美地背诵了销售话术，一个人是否自信和热情也是显而易见的。

没有信心就干不成销售。

协调带来信心

起亚汽车集团的肯德拉·李（Kendra Lee）认为，最优秀的销售人员是那些"表现出信念和信心的人，只有当他们真心认为自己的产品或服务能够解决潜在客户的问题时才会进行推荐。"

如果你的价值与公司的使命和价值不协调，那么当你需要学习新技能以获得成功时就没有动力扩大舒适区。这意味着你与公司对你扩大客户群体、实现收入增长的期待不协调。疑虑、担忧和恐惧都会成为你前进路上的绊脚石，阻止你做那些为了完成销售必须做的事情。

相反，你可能会选择拖延，如第三章所述。你可以先做容易的事情，直到达到了自己的极限。然后你会像超过60%

的销售人员那样在三年内离开销售行业,因为你没有达成销售、没有获得满足感、没有取得成功。

让我们带你回到你的能量区,也就是舒适区。

第五章
待在舒适区可以提升你的可信度

如果你必须离开舒适区去销售产品或服务，那么你对所销售的东西就没有真正的热情。

问题

大多数人是用头脑而不是用真心在销售。而协调指的是从心到耳、从耳到嘴。

很多人忽视了这一点，因为他们没有花时间探索自己的核心价值，也没有注意到自己的核心价值是否与销售方式和销售对象协调。正是因为这样，他们与销售的产品或服务之间并没有一种情感上令人满意的体验。

如果与你的产品或服务缺乏联系——即个人缺乏对产品的热情，你就无法与客户保持协调。没有这种协调就很难达成销售。

这是斯蒂芬妮·Y.奥登的亲身经验。她是这么说的：

我曾经相信必须走出舒适区才能获得成功，因为一开始我就是被这样告知的。我甚至曾经教导我的客户必须走出舒适区，可笑的是连我自己都不喜欢这样做。

离开舒适区会让我陷入焦虑。我会怯场，感觉自己活在别人的核心价值里。我会释放出一种不可靠的负能量。潜在客户在与我交谈时可能不知道出了什么问题，他们可能没有意识到我与自己的核心价值产生了矛盾，只是感觉哪里不太对，最后我也无法达成销售。

不要以逻辑为导向

《心与销售：每个销售人员都需要知道的10个普遍真理》（*Heart and Sell：10 Universal Truths Every Salesperson Needs to Know*）一书的作者沙里·莱维丁（Shari Levitin）在《福布斯》杂志的一篇文章中有力地解释了这一原则："无论你是在推销舞蹈课、房子、软件还是人寿保险，都要记住人们在购买的当下都是出于情感，事后才会用逻辑证明自己的决定正确。向客户展示他们用了你的产品或服务会有多好,这样的话他们今天、明天甚至永远都会从你那里买东西。"

如果你不能分享自己的亲身经历来说明你的产品或服务有多好,以及它们帮助你和其他人解决了什么问题,你就没有足够的可信度与潜在客户建立协调的联系。

工业心理学家贝尔纳多·蒂拉多(Bernardo Tirado)曾说过:"真诚是人们建立和谐关系的关键,人可以在1英里(约为1.6千米)外感觉到虚假的东西。"

建立联系的基础是讨人喜欢和被人信赖。

没有信誉意味着无法达成销售。

解决方案

待在舒适区,发掘真正的热情所在,并提高潜在客户对你的信任度。在我们每个人的内心深处都燃烧着真正的激情,这种激情对其他人有强大的吸引力。

激情创造信誉

在经历个人胜利或失败后激情会自然而然地产生。真诚的热情为言行增添了可信度。如果希望潜在客户知道我们有多关心他们，并确信我们的产品或服务能够帮助解决他们的问题，那么在与潜在客户的互动中必须表现出自己十分可信。

在许多方面，无论是与潜在客户单聊还是与一群决策者沟通，销售人员都是富有激情的演说家。为了在销售中取得成效，我们必须学会用激情交流。

根据福布斯演讲者（Forbes Speakers）网站的说法，"只要足够努力，任何人都可以成为一名演讲者，但平庸演讲者与杰出演讲者的差异在于激情和目标。有了激情和目标，你就可以确保自己触及听众，同时让他们有所收获。这不仅对你的演讲生涯很重要，还可以确保你对他人产生深远的影响"。

资源丰富

如果你在销售行业，可能听说过吉姆·布里特（Jim Britt），他是一位著名的演说家，著有许多畅销书。

你可能不知道，他第一次创业时银行账户里只剩9美元，还借了4000美元的债务。一年后他失去了一切，包括房子、两辆车和所有家具，真的是失去了一切。

但在那之后，他凭借顽强的毅力和一名导师，扭转了局面，不久之后就赚到了100万美元。然后他开始了自己的演讲生涯，成为一名商业合作伙伴，和吉姆·罗恩（Jim Rohn）共事了近10年，托尼·罗宾斯（Tony Robbins）也在他的指导下工作。多年来，布里特凭借各种商业模式的收入积累了数百万美元的财富。

布里特向我分享了他成功的秘诀，就是保持激情。他总是觉得"资源丰富"，这也是他的核心价值之一。他解释说自己一直认为"资源丰富"这个词很亲切，并花了数年时间思考它的各种含义。他发现的第一个定义是"有充足的来源"，然后他在字典里查了"来源"这个词，它被定义为"万物起源之处"。

他继续寻找"来源"这个词的其他定义。有一天，他在英国一个小村庄里偶然发现了一本很旧的字典。在这本书中"资源丰富"这个词有特别的含义，并在他心中引起了深深的共鸣。这个定义是"爱"。所以资源丰富也可以被定义为"充满爱"。他说，"当你设定了一个目标来完成某件事时，你实际是爱上了它。除此之外你唯一的选择就是陷入恐惧。当你与你所爱之事保持联系时，你可以事半功倍获得惊人成就"。

如何识别你的激情所在

如果你不确定自己真正的激情所在，可以通过以下问题来发现：

1. 你一生中遇到过哪些问题和挑战？在下面列出来：

- 如何创业。
- 如何变得更健康或身材更好。
- 如何经济富裕。
- 如何受人欢迎。
- 如何提高生活质量。
- 如何让自己更有魅力。

研究表明，全世界大多数人都认为这六件事情对他们来说是挑战。

2. 上面列出的问题和挑战中，哪些已经不复存在？用第二个清单列出你已经克服的挑战。这个清单现在就是你的专业和信誉所在。恭喜！你找到了一种方法让自己保持在舒适区并与核心价值保持一致，从而成功克服问题或挑战。这是你真正的激情所在。

3. 当面对每一个问题和挑战时，你希望有人给你什么建议或帮助？在第二个清单中的每个问题或挑战旁边写上答案。

4. 在克服这些问题和挑战的过程中，你得到了什么教训？付出了什么努力？

5. 如果今天遇到一个人，他正在经历和你遇到过完全相同的问题或挑战，你会给他什么建议或支持以解决这个问题？

6. 如果你可以使用正在销售的产品或服务，它会如何帮你克服问题和挑战？换句话说，你推销的产品或服务如何与你的核心价值保持一致？

再一次恭喜你！在情感上你有了令人信服的理由来解释为什么要销售该产品或服务，这意味着你与正在销售的产品或服务保持协调。你可以与遇到相同问题或挑战的人分享自己真实的经历。

但事实上，你现在拥有的不仅仅是一个故事。你有目标、使命，以及一个令人满意的理由来解释你为什么要销售这种产品或服务。你不再只是一个销售人员，你现在是权威专家和积极分子了！

你可以理解别人的痛苦，因为经历过，而你已经摆脱了那种痛苦。这使你成为这个领域值得信赖的权威，其他人可以向你寻求建议和帮助。即使你觉得自己还没有完全克服痛苦也可以成为权威，只要以诚相待告诉大家你仍在学习如何克服痛苦、问题或挑战。

朱莉和朱莉亚

作为一个很好的寻找目标的例子，让我们看看由艾米·亚当斯（Amy Adams）（饰演朱莉·鲍威尔）和梅丽尔·斯特里普（Meryl Streep）（饰演著名厨师朱莉亚·查尔德）主演的电影《朱莉和朱莉亚》（*Julie and Julia*）背后的故事。

这部电影的灵感来自一个博客，朱莉·鲍威尔是博客的作者。2002 年开始写博客时，鲍威尔只是想记录下她按照查尔德的《掌握烹饪法国菜的艺术》（*Mastering the Art of French Cooking*）这本食谱做菜的经历。她给朋友们写信，朋友们随后分享了她的博客，并帮助她吸引了大量读者，读者们发现她在厨房和现实生活中犯错的故事是真实和可信的。

朱莉从未自称是一名出色的厨师。她从一开始就诚实地说，开始这个项目是为了"拥抱生活"。虽然不确定目的是什么，但她确信自己是受到"召唤"要进行烹饪与写作。

正如珍妮·雅布罗夫（Jennie Yabroff）在《新闻周刊》（Newsweek）撰写的一篇关于朱莉的文章中描述的那样，"她在工作中非常痛苦，对自己也失去了信心。她强烈渴望家庭主妇这个身份之外的生活，尽管并不知道那是什么。她最早的博客帖子反映出她会替换和省略食谱上的步骤，结果把事情搞砸了，还希望随便涂点黄油能掩盖她的错误。渐渐地她找到了自我"。

朱莉从一开始就说出了自己痛苦的真相，并想找到自己的目标。一路走来她成为管理生活和烹饪法国菜的权威。她诚恳而真实的帖子为读者提供了情感上的满足。

对读者们而言，朱莉成了寻找自我的权威，读者也希望能够找到自我，所以他们一直愿意阅读她的博客，后来发展为读她出的书，继续关注关于她的电影。

强大的目标

相似的，卡罗琳娜·M.比林斯也找到了自我，并通过坚持情感独立、财务独立、享受生活和自我负责的核心价值发起了世界范围内的"当代女强人"运动。

多年来,卡罗琳娜一直在市值数百万美元的企业中担任首席财务官,通常她是公司高层中唯一的女性,更多时候她是高层中唯一的拉丁裔。这常常让她觉得自己格格不入,或者必须更加努力才配得上这个职务。有人告诉她,如果想获得更大的成功,她应该改变自己的性格,对员工更加冷漠,并获得工商管理硕士(MBA)学位。在研究了数百门工商管理硕士课程后,她成功创立了一门定制的课程,让她能够独立、享受、对自己负责,而不是受到他人的束缚。

不久之后,她希望能改善生活中的其他方面,于是试图寻找一个社群团体,能为任何女性领导者提供表达梦想的安全空间,并在实现梦想时提供支持和鼓励。她找不到完全符合需求的社群。出于需要,她自己创立了"当代女强人"组织。一开始这只是她与一群朋友出于热爱发起的项目,希望采取积极的行动来改善生活中不尽如人意的事情。很快这成了她的使命和目标。

她离开了公司,全职投入"当代女强人"的组织,这让她感到非常满足,因为在自己的价值体系内实现了目标。现在从事的工作内容让她感觉很快乐,能够表现出真实的自己。

她描述了在舒适区内工作和在舒适区外工作的区别:

> 有些人可以熟练地从事超出自身价值范围的职业。但这会需要付出更多精力和努力。这种时候工作就是工作,在某种程度上感觉不太"正确",而你迟早会为此付出代价。然而,在舒适区工作可以发挥自己的优势,可以轻松地坚持下去。

> 传统的销售培训方式只适合大约 25% 的人。即使所有人都进行尝试,也只有 25% 的人能接受。我们必须让鸟成为鸟、让鱼成为鱼,不要期望让鸟成为鱼,反之亦然。

> 必须鼓励人们明确、尊重和敬畏每个人的舒适区,将其作为多样性和包容性的核心。作为一个生活在多伦多的西班牙裔,虽然这是一个大都市,但在餐厅或会议等场合我仍然看起来和别人都不一样。随着逐渐意识到这一点,我对自己思想的主导地位也越来越自信。例如,我曾经受到"全球经济论坛"的会议邀请,在 36 名演讲者中有 30 名是男性,其中只有 2 名不是白人;而 6 名女性都是白人。

> 我抱着尊重的态度回复了组织者,表示由于这个会议缺

乏多样性，我认为自己应该拒绝参加。同时我用了与多样性和包容性相关的统计数据论证这一决定。

与我的价值观保持协调，我可以舒服地做自己、说真话，并选择指出其他人也可以变得更包容的方式。这就是我吸引会员并发展"当代女强人"组织的方式。

卡罗琳娜·M.比林斯愿意面对她所经历的挑战，她已经把这些挑战变成了胜利。

从热情到目标

有时，人们可能不想重新审视在生活中遇到的问题和挑战，因为这么做太痛苦了。如果你是这些人中的一员，不妨试着问自己下面的问题：

- 你的兴趣是什么？
- 什么能让你快乐？

也许你热衷于编织，乐于与他人分享你的知识和编织技巧，或者你正在学习编织。也许你喜欢运动，或者刚刚开始锻炼。考虑一下你正在销售的产品或服务如何帮助你更好地享受兴趣爱好，并为销售该产品或服务找到一个令人信服的理由。

例如，刚开始运动的人实际上在如何开始运动方面是专家。以下是利用热情实现目标的几种方式：

- 可以出售营养补充剂，因为这些补充剂有助于运动。
- 可以出售运动服，因为这些衣服在运动时穿非常舒适。
- 可以出售教练服务，因为这可以让人们在工作之余合理安排运动计划。
- 如果想参观世界各地不同的健身房，甚至可以出售旅游服务。

请记住，现在可以通过许多家庭作坊和直销公司销售各种各样的产品或服务。举例而言，你可以出售保险、养老计划、旅行服务、营养补充剂或使祖父母能花更多时间陪伴和照顾孙辈的产品。

为个人经验赋予价值

诺伯特·奥勒威茨坚定地认为个人经验是最有价值的获得信任的来源，这意味着我们相信自己，且他人也相信我们所说的话。他说："很多人并不重视在生活中获得的经验。个人经验的价值十倍于学术知识。任何知识上的不足都可以用经验弥补。放手去做，并在实战中不断学习。利用个人经验成为专家或权威，在你的理想客户想要学习的领域，你将成为'知道他们在说什么'的那种人。"

基于个人经验将你的热情所在与销售的产品或服务进行匹配，你与潜在客户将在真实可靠的牢固基础上建立联系。

第六章
通过"了解－喜欢－信任"原则促成销售

销售的基础是人与人之间的联系,如果潜在客户一开始不了解你或不喜欢你,他们就不可能信任你。而达成销售需要信任。

问题

不幸的是,老旧的销售培训课程都在教我们先推销再建立联系。这就像在街上看到一个对你有吸引力的陌生人,你没有先邀请对方喝杯咖啡,而是直接上去求婚。当然,如果你遇到非常多的陌生人、每天都进行尝试,也许会有一个特别孤独或好奇的人对你说"好",这也不是不可能的。但绝大部分时候你都会遭到拒绝。

有时候人与人之间会在很短的时间内建立起联系。人们可能会因为都很喜欢狗而结缘,也可能因为某种投资组合案例建立联系，在我身上就发生过。有人喜欢我的投资组合案例的风格，因此给我推荐了一个岗位，而我接受了这份工作并乐在其中。在那之后，很显然我们每天都在谈论一些双方都感兴趣的事情。但通常建立联系都需要一些时间。

解决方案

与另一个人建立牢固的联系，让双方都在心理上感到满足和舒适，这是一个自然的过程。在这个过程中，你会试图确定彼此的核心价值是否一致、是否与对方的舒适区合得来。

"了解 – 喜欢 – 信任"原则

一项 2018 年进行的关于个人关系的研究表明，培养亲近和互相信任的关系需要花费一定的时间——事实上是很多时间。

虽然通过社交媒体培养关系的速度要快得多，但所有牢固的关系，尤其是能形成消费忠诚度的关系，都必须遵循"了解 – 喜欢 – 信任"的原则。

了解阶段

在了解阶段，我们首先要向对方介绍自己。每段关系都需要慢慢开始。在这一阶段，重要的是透露一些关于我们自己的有意义的事，看看新朋友或潜在客户是否也会认同这样做。

喜欢阶段

在这一阶段我们会发现彼此是否步调一致。我们是否符合彼此的核心价值？我销售的产品或服务是否能够解决对方的问题并满足其需求？

这个阶段的重点是放松和探索，并允许交流真实的想法和感受。这使潜在客户能够与我们均产生安全感。可以把这一阶段当作发现探索的机会。

在此阶段不要立刻要求对方买东西。这时还没有建立起足够的信任。在这个阶段我们希望证明自己是值得信赖的。

心理学家认为，可以通过下面这些方式表明自己值得信赖：

- 遵守自己的承诺和协议。
- 在达成协议时明确沟通要求。

- 提出现实的期望，而不是贪婪的欲望。
- 当事情出现偏差时，有勇气说不。
- 在向他人表达同理心的同时，保持界限不动摇。
- 说出真实的感受。
- 勇于承认错误并想办法改正。
- 保持积极、冷静和自信。
- 倾听对方的意见，并以尊重和体贴的态度及时、适当地做出回应。
- 提供支持和想法，而不是进行自我推销和打广告。
- 提供多种沟通方式便于了解彼此（如电话、电子邮件、社交媒体网站等）。

记住这句话："没人在乎你懂得多不多，除非他们知道你真的在乎他们。"在"喜欢"阶段，必须始终如一地证明我们是多么真诚地关心对方。

最重要的是我们应该向潜在客户提出问题。

权力与影响培训机构（Power vs Force Coaching）的总裁兼创始人沃尔特·阿吉拉尔（Walter Aguilar）与我分享了他的观点："销售是一种价值交换。我通过提问来确定潜在客户的核心价值是否与我的核心价值一致，以及我能否给他们想要的东西来换取我想要的。要先让他们明白我也不知道彼此是否合适，然后我带着他们一起评估，最终双方都能找到答案。"

信任阶段

通过反复做到"喜欢"阶段建议的那些事情，我们到达了信任阶段。作为销售人员，你有权利期望潜在客户同样做出这些建立信任的事。

建立信任需要双方在同一舒适区范围内，并且对于这种协调感到满意和舒适，双方都不会因为彼此的关系伸展过度。

理解并应用"了解－喜欢－信任"原则，在舒适区也可以达成销售。

"建立联系－开展互动－推销产品"过程

咨询公司 Rare 的调研表明："86% 的消费者表示忠诚度主要取决于喜爱程度，而 83% 的消费者表示忠诚度取决于信任。"

在市场营销领域，与了解－喜欢－信任相对应的过程是

"建立联系 – 开展互动 – 推销产品"。

> 了解 = 与受众建立联系
>
> 喜欢 = 与受众开展互动
>
> 信任 = 向受众推销产品

与受众建立联系（了解）

受众指的是你的销售线索、潜在客户和成单客户（也可能是你的团队成员）。培养受众意味着遇到与理想受众画像匹配的人，以及你认为可以帮到的人。

要满足理想受众的需求首先需要了解他们的情况。我说的是理想受众，而不是特定情况下的目标受众或虚拟头像。目标的定义是"被选为攻击对象的人、物或地点"。这个术语之所以在营销领域广受欢迎是由于某种把销售当成战争的方法。我个人并不觉得这种战术方法令人满意、舒适或放松。如果你喜欢战术方法，那么我建议你放下这本书，另外选一本教你如何运用进攻和防御策略来"赢得"销售战争的书来阅读。

关于"虚拟头像"，根据词典里的说法，表示"视频游戏或网络论坛中代表特定人物的图标或形象"。我更希望记住我是在与真人互动。将潜在客户当作虚拟头像很容易使他们失去"人性",这令人更容易忽视他们的感受和问题。

在这本书中我聚焦于理想受众,我们知道理想受众想要解决的问题,我们也拥有解决这些问题的产品或服务。理想受众与我们步调一致。

与受众开展互动(喜欢)

除了前面提到的"喜欢"阶段中要尝试的所有活动,从销售视角与受众互动意味着用各种方式创造有价值的内容并为受众服务。有价值的内容可以在情感和精神上令人满意地解决受众的问题。

当你们的关系达到这种程度时,他们会希望通过评论和回复与你互动。当你看到并回复时,你在表明自己是真的关心他们。在本书的第三部分,我举例说明了如何产出情感和心理上令人满意的内容。现在,让我们重点关注认可的重要性,这是你可以提供的最有价值的内容。

认可被定义为"承认某人或某物存在的行为",是对人的有力赞誉。这一行为很重要,因为在这个节奏飞快、没有时间思考的世界里,大多数人都感到不被欣赏、不被看到。尽管通过社交媒体我们比以往任何时候的联系都更为紧密，但最近对 2000 多名美国成年人进行的一项调查发现，72% 的人感到孤独，近三分之一（31%）的人每周至少有一次会感到孤独。詹妮弗·坎德尔（Jennifer Candle）指出："长时间的工作、社交媒体使用的增加（很多情况下甚至超过了面对面互动），以及人们迁移到远离家人的地方旅行或生活，都会产生孤独感。"

无论是当面沟通还是通过社交媒体，都可以满足人们这种与他人联系的需求。

向受众推销产品（信任）

信任是通过以下五个因素建立的：

- 一致性——双方说到做到，始终如一。
- 价值交换——双方都为这段关系提供了符合预期，甚至高于预期的价值。
- 互惠——这种关系对双方都同样有利。
- 真实性——双方都诚实可靠。
- 认可——双方都承认对方的成就和情绪。

销售中的制胜公式

通过将"了解 – 喜欢 – 信任"原则与"建立联系 – 开展互动 – 推销产品"流程相结合，就可以获得一个使销售更容易的制胜公式。

科里亚尼·巴普蒂斯特向我描述了两者结合对她发展业务和增加销售额产生的影响：

过去，当我在社交媒体网站上进行直播时，我试图接触尽可能多的人，任何愿意观看的人都可以。我有时会获得数百次浏览，但没有人评论或互动，我也没有达成任何销售。

自从我开始将"了解 – 喜欢 – 信任"原则与"建立联系 – 开展互动 – 推销产品"流程相结合后，我就意识到可以像其他人教我的那样不再试图向全世界销售。我可以把注意力集中在我心目中的黑人女性创业者群体，她们是有信仰的女性，但因为种族主义、女性身份、母亲身份，以及家务劳作而倍感压力。她们和我一样！

我也曾是她们中的一员，所以可以感同身受，也很容易知道在哪里能找到她们、该对她们说什么，以及如何与她们建立联系。我觉得自己有足够好的"产品"——受众想要的东西。

现在，当进行直播或分享文章时，我会谈论受众面临的某一个问题，比如感到不知所措、无暇顾及自己、觉得自己不配成为一名企业家，或者经历养育子女的挑战。我邀请她们参加我为符合理想受众画像的人创建的私人小组，以便获得解决方案。

在私人小组中我与成员建立联系。我会真诚分享一些曾处理过类似问题的个人经历和解决方案。分享我的真实经历会激发互动，而这种互动会让人对我产生信任。然后当我拿出她们可以买的东西时，例如产品或辅导计划，她们就会购买，因为她们已经了解、喜欢和信任我。知道我会帮助她们快速解决问题。

她们对我展现出的内容表现出兴趣，这增强了我的自信心、确定性和价值感。我现在预期——而不是希望——我将获得与知识等价的交换。我知道我的理想受众会为我提供的价值买单。

通过持续、积极的互动建立信任

作家科琳·弗朗西斯（Colleen Francis）认为，如果我们想在一段关系中建立信任，对他人的认可是吸引受众的关键因素。她写道，"认可某人就是说：我看到你了，你很重要，我理解你，我钦佩你。这对所有人类都适用，由于任何销售最终都是人与人之间的销售，我们需要对他人的特别关注和认可，并每天使用它来帮助我们在更短的时间内销售更多的产品"。

《哈佛商业评论》强调说，对与我们合作的人表达认可，这是销售过程中建立信任的重要因素，该杂志对此进行了一系列研究。研究证明认可他人的情绪可以培养信任。察觉并能说出他人的感受非常有效，有助于与对方建立更深的联系。但是，当认可被认为是出于自私和不可告人的动机时，它就不那么有效了。

认真提问

关键的参与互动方法，也是表示认可的有效方式之一，就是认真提问，并仔细倾听对方的回答，这表明你有兴趣真正与对方建立联系。

畅销书作家吉姆·布里特就是通过这种方式获得成功的。他每次谈话都以"你好吗"开始，然后全神贯注地倾听他能做些什么。他不断向潜在客户提问以确定这些内容：

他们有痛点或问题吗？

他们想解决痛点或问题吗？

我能帮他们解决痛点或问题吗？

对回答负责

对回答负责是表示认可和建立信任的另一种方式。一项研究显示，顾客愿意在一家会回复客服消息的公司多花 20% 的钱进行消费。另一项研究显示，73% 的顾客表示时效性是区分良好客户体验和糟糕客户体验的重要因素。在客户体验中，响应速度和解决速度的重要性名列前茅，广受重视。

表示尊重

如果你想更快地建立信任，请确保你足够尊重客户的名字。俗话说"对一个人来说，没有什么声音比自己的名字更动听"，这句话在销售时尤其适用。然而，人们在处理他人名字时的粗心程度简直令人震惊。即使各类社交媒体网站提供了拼写修正功能，在邮件和消息中我的名字也经常被拼错。

关于我名字的第二个错误是有人会自动叫我西西而不是史黛西。在我真正达到信任他们的阶段之前，叫我西西的人很少会进入我的舒适区。这种不经我同意就过于自来熟的叫法立刻表明我与这个人不协调。就连我的丈夫比尔也从不叫我西西。只有我的父亲这么叫，对我来说这是关于他的珍贵回忆，因此对一个新认识的人来说，这个名字太亲密了。

经常询问人们喜欢被如何称呼。如果你不知道该怎么念这个人的名字，那就直接去问。不要假装你知道，这常常会弄巧成拙。

开始推销的正确时机

如果互动很顺利，而且你发现自己和潜在客户有协调之处，那么现在就可以推销你的产品或服务了。此时，你的潜在客户可能会对你说"好"，因为他们信任你。他们觉得你关心的是他们的利益，因此相信你所相信的。如果你喜欢某个产品或服务，他们相信自己也会喜欢。现在是时候开始推销了，但在这之前千万不要！

并不需要应对拒绝的话术。到这个时候你已经不太可能被拒绝了。你不需要穿上铠甲，因为没有战争了。你和潜在客户可以待在你的舒适区，然后他们会掏钱买东西。

大多数销售人员从未经历过这一时刻，因为他们一开始就进行销售（也称为推销），希望得到对方的回应，并希望能与潜在客户建立长期联系。通过这种方式进行销售，即使是好人也会被贴上"咄咄逼人"和"死缠烂打"的标签。

不要过早地向潜在客户推销，这会让自己陷入僵局。遵循协调营销公式，你最终会到达令人满意的目的地，在那里潜在客户会对你说"好"。

如果你希望协调营销公式能帮助你完成更多销售，就不要急于求成。

为什么完成销售需要一些时间

建立最终以销售为目的的联系需要一些时间。这就是为什么其他销售专家会宣扬要接触你所熟悉的市场以更快实现销售。

但通常我们认识的人要么已经是我们的客户，要么根本不需要我们销售的产品或服务。我们可能已经不止一次联系过他们，他们已经拒绝了。出于这些原因，我一开始就告诉所有客户，如果你没有时间建立联系，你就不能成为一名成功的销售人员。

如果金钱让你感到绝望，也许你需要先找到一份工作并攒些钱，直到你能够买得起真正想买的东西，并为真正想被服务的受众服务。

协调营销的过程起步较慢，但很快就能滚雪球般形成与多人建立协调关系的势头，这些人将成为你的朋友，然后成为你的团队成员或客户。关键是要持之以恒。

销售的新公式

旧的销售公式以"常常被拒绝"这句话而闻名。销售人员被认为死缠烂打和咄咄逼人，这有什么奇怪吗？这种想法不是基于一致性或协调性而产生的。

来看看销售的新要素：协调、信念、坚持。每一项都是协调营销公式中的关键要素：

$$协调 + 信念 \times 坚持 = 销售、满意和成功$$

公式中的"协调"是我们将"了解－喜欢－信任"原则与"建立联系－开展互动－推销产品"流程相结合的阶段。我将在接下来的章节中解释如何使用这个公式并获得收益。

营销顾问卡拉·阿彻（Carla Archer）分享了她使用协调营销公式的经验：

我接受培训的一家公司告诉我要离开舒适区，去做他们教我做的促销活动。我能做这些事情，也完成了销售，但就是觉得不太对劲。事实上我感觉很恶心。我不觉得自己在展示真实的自己。我觉得这种方法非常机械，而且缺乏对人的关怀。我没有与每个客户建立真正的联系，而是重复了某种话术。我没有时间去了解客户，所以也没办法进行有针对性的沟通。

使用协调营销公式，我现在每天都可以做真实的自己，我与我的核心价值保持协调，我与潜在客户建立真正的联系，我以自己喜欢的方式服务客户。

让我们从如何了解理想受众开始——也就是那些与你想销售的产品或服务相协调的人开始——这样你也可以获得令人满意的成功。

第七章
你想了解谁

上文提到有 55% 的人在销售不合适的产品，这意味着他们与所销售的产品或服务不协调。他们与产品或服务没有情感上的联系，或者并没有发自内心地相信产品或服务。

通过与你销售的产品或服务保持协调，你就可以和所有想要购买你产品或服务的人保持协调。这种联系将使销售变得更容易。

用脑销售与用心分享

与产品或服务不协调的销售人员会用头脑销售，而非发自内心。协调是从心到耳，从耳到嘴的连接，而他们没有这种连接。因此，他们无法为销售线索和潜在客户创造情感上的满意体验，也就无法卖出产品或服务。

人们进行购买决策并不是基于事实，而是根据主观感受，

第二部分 你和你销售的产品协调吗

再用事实来支持决策。

在与产品或服务以及想要购买该产品或服务的人保持协调之前,你必须完全诚实地回答我在第五章中提出的问题:

1. 你一生中遇到过哪些问题和挑战?

2. 这些问题和挑战中哪些已经不复存在?

3. 当面对每一个问题和挑战时,你希望有人给你什么建议或帮助?

4. 在克服这些问题和挑战的过程中,你得到了什么教训?付出了什么努力?

5. 如果今天遇到一个人,他正在经历和你遇到过完全相同的问题或挑战,你会给他什么建议或支持以便解决这个问题?

6. 如果你可以使用正在销售的产品或服务,它会如何帮你克服问题和挑战?

让我们以艾莉莎·马德根为例看看这个方法如何起作用,她为受困于各种不同营销策略的女性企业家提供社交媒体营销咨询服务。她说自己曾经和她们一样。自从知道了协调营销公式,她仔细思考了上面的六个问题,并列出了所有希望在刚开始有类似困扰时能得到的建议。那时候她希望有人能在混乱中给她指一条明路，以便快速达成销售。

由于当时没有人给予帮助，她必须自己摸索如何实现目标。而时至今日她已经明确知道每一步要怎么做。通过总结在这个过程中获得的所有技巧和智慧，她现在为符合理想受众画像的潜在客户提供辅导计划。她与她销售的产品或服务完全协调。

情感上令人满意的理由

如果你的产品或服务本可以或正在帮助你克服问题和挑战，那么你就有一个令人满意的理由来销售该产品或服务。这意味着你与你所销售的产品保持协调，你也和那些想买你东西的人保持协调。

分享相似的个人经历可以让我们更快地赢得遇到同样问题的客户的信任。这时如果我们说某种产品或服务有帮助，客户会感受到我们的诚意。

如第五章所述，如果你因为不愿承受痛苦而选择不去重新审视在生活中遇到的问题和挑战，那么就用下面这几个问题来探索你可以在舒适区销售什么，并与你的核心价值保持一致：

- 你的兴趣和热情是什么？
- 什么事让你感到快乐？
- 你能教别人做什么？

如果你热衷编织，并乐于与他人分享你的编织知识和技巧，或者你正在学习编织，那么你就可以出售编织用品。

如果你喜欢运动或刚刚开始运动，你可以出售健身器材、运动服、健身房会员卡或营养补充剂。

如果你是一个很爱孙辈的祖父母，喜欢和其他祖父母分享育儿故事，那么你可以提供一些产品或服务使其他祖父母能有更多时间更好地陪伴和照顾孙辈。

提供价值

想想你销售的产品或服务如何帮助自己更好地享受乐趣，并为销售该产品或服务找到一个令人信服的理由。

销售无非就是建立双方各取所需的联系。正如沃尔特·阿吉拉尔（Walter Aguilar）所说，"为对方提供价值换取你想要的东西"。如果接受这个说法，那么很重要的是也要接受客户都愿意与他们认为有价值的人做生意。他们想要的不是你的东西、服务或方案（很可能成千上万的营销人员也在试图销售同样的东西）——他们想要的是你！如果了解一个群体（理想受众）的问题或兴趣所在，你就会有他们绝对想要的解决方案。

给出解决方案

成为他们想了解和追随的人。除了销售的产品或服务，你提供的信息和经验越有价值，你赚的钱就越多。

你可能会想："好吧，这种协调营销方法很有意义。但是我如何吸引客户和买家来找我呢，尤其在我是个新人或者还没赚到第一桶金的情况下？"

好消息是，你的潜在客户只想知道你了解他们的问题并且有解决方案。他们不在乎你在这家公司是工作了十年还是十分钟。引用诺伯特·奥勒威茨的话，"重点不是什么资格证明，而是你有多关心他们的需求和问题！"

这一点再强调也不为过。当你知道可以解决谁的问题时，吸引理想受众并弄清要问哪些问题，让他们了解你有多关心他们，这就变得容易多了。

你和你的潜在客户协调吗

第三部分

PART 3

玛雅·安杰洛（Maya Angelou）说过："我的经验是人们会忘记你说过的话，会忘记你做过的事，但永远不会忘记你给他们带来的感受。"

西奥多·罗斯福告诉我们："没人在乎你懂得多不多，除非他们知道你真的在乎他们。"

销售确实就是这样。

你参加过的销售培训可能告诉你要直击要害，尽可能第一时间展示产品或服务，以免浪费自己或潜在客户的时间。这种"我－我－我"的方式让销售行业声名狼藉。

在这一部分，我将说明花些时间向潜在客户提问有多重要。你需要先确定他们和你协调的程度，以及你们在哪些方面存在分歧。这是对于"了解－喜欢－信任"原则的实践。

罗伯特·基思·莱维特（Robert Keith Leavitt）曾说："人们在做出决定时并不关注事实。他们要的是一种美好的、心理上的满足感，而不是大把的事实。"想要创造令人满足的情感联系需要坦诚相待并表现出同理心。例如分享你或周围人遭遇类似挑战的经历，而你的产品或服务如何解决了这些问题。这种经验分享可以促成销售。

在与引奇咨询机构首席执行官萨姆·霍恩讨论这一概念时，她分享了自己的观点："同理心意味着问自己，'如果我是他，我会有什么感觉？'"

坦诚相待会让你觉得舒服吗？同理心是你的核心价值之一吗？在这一部分，我会问一些问题来帮助你了解自己是否准备好去建立有助于销售的那种联系。

我还将帮助你探索在哪里可以找到符合理想受众画像的人，以及如何与他们建立联系从而达成销售、获得满足并取得成功。

第八章
客户是否知道你有多在乎他们

人们不在乎你对产品或服务的了解程度，因为他们需要的不是产品或服务，他们真正需要的是能解决问题的方案。

问题

不管西奥多·罗斯福和玛雅·安杰洛谁说得更好，事实就是没有人在乎我们懂得多不多。他们关心的是你有多在乎他们。在建立任何联系时都要牢记这一原则。我将在后文中继续讨论这个观点，因为它包含了与潜在客户建立联系时需要记住的最重要的原则：他们想知道你关心他们遇到的问题，他们想知道你有解决方案。

如果你无法在情感层面上与潜在客户的问题产生联系，或者你的产品或服务不能直接解决潜在客户的问题，那么你便无法达成销售。

大卫·梅尔曼·斯科特（David Meerman Scott），商业增长策略师，《华尔街日报》12本畅销书作家，《营销公关全新法则》（The New Rules of Marketing and PR）的作者，曾说过："你的买家真正关心的是他们自己。他们非常关心如何解决他们遇到的问题，并且一直在寻找能够帮助他们解决问题的产品或服务。"

我－我－我

大多数公司和销售人员都采用"我－我－我"的沟通方式，举个例子："你好。我很高兴能见到你。下面请听我给你介绍，相信只要知道了我和我的产品有多棒你就会想买它的。"

从一开始所有的注意力都集中在销售人员、公司、产品或服务上。我相信你不止一次使用过这种"我－我－我"的销售方式。

不是礼物的礼物

最近在过生日的时候我遇到了一个典型的"我－我－我"

例子。一个我不认识的网络营销人员给我发了一条私信祝我生日快乐。她真是个好人，对吧？且慢。

她邀请我访问一个网站，挑选"送给自己的礼物"。我访问了网站，看到一些喜欢的东西，但不知道如何选择并接收礼物。于是我回消息问她，然后收到了关于如何获取礼物的指南。她是这样回复的："我没有送你任何礼物。我想你可能想从我的网站上给自己买些东西来庆祝生日。"

这是认真的吗？我根本不认识她，但她试图利用我的生日推销产品，还要让我花自己的钱来"治愈"自己。这就是"我－我－我"方法的典型案例。

当然，我告诉她我永远不会在她那里买任何东西，所以可以把我从名单上直接删除。

社交媒体信息中的"我－我－我"

大多数宣传手册、电子邮件和社交媒体文章都会展示漂亮的产品图片，或者展示人们享受产品或服务的图片。信息通常集中在产品或服务多么优秀、多么新颖，以及与其他同类产品或服务相比有多么出色等。很少有人提到某产品或服务要解决的实际问题,或者什么类型的人正面临这个问题。

例如,有一天我打开照片墙(Instagram)的推荐列表,看到一名销售人员发的关于护肤品的帖子。帖子配的图片里有三款护肤品,没有任何人物,所以很难弄清楚这些产品适合什么样的群体。

文案的开头是"今天我们来聊聊护肤三件套,也就是磨砂膏、护肤乳液和保湿霜"。请注意,这句话没有说明该产品是针对男性还是女性、适合哪些年龄段,或者适合什么样的皮肤问题。一切都是关于产品本身的描述,这也是一个常见的"我‒我‒我"的例子。

第二段写道:"来说说气味。这三款产品都有标志性的××味,这和(另一家公司)××味的唇部护理产品有相似的气味。这种气味和柑橘类似,非常浓郁,需要一点时间去习惯它。"仍然没有告诉我为什么要"习惯"这种气味。它能为我解决什么问题呢?到目前为止,我看到的只是"我‒我‒我"的营销方法!

第三段是这样的:"这个三件套非常好用。我喜欢按顺序使用。用完之后我的皮肤感觉从未有过的柔和,我喜欢晚上用这三款产品,这样醒来时就会拥有光滑柔嫩的皮肤。"到最后我明白了这些产品是要结合在一起使用的，适合皮肤粗糙、想让皮肤变得更加光滑柔嫩的人。如果在第一段中说明了这些，也许大家会更想继续读下去，也可能会选择购买。

糟糕的初次约会

再举一个"我-我-我"的例子，现在设想约会的场景。初次约会时如果对方不断地谈论自己，而对了解你毫无兴趣，你会喜欢这次约会吗？

如果你的约会对象从头到尾没有问过你一个问题，只是简单地猜测你喜欢什么、不喜欢什么，以及你在生活中想得到什么；假设你们初次见面是去餐厅吃饭，如果你的约会对象没有问你喜欢吃什么，就直接点菜，你会有什么感觉？

你会感觉受到了照顾吗？你会愿意答应下一次约会吗？

这个例子体现了许多销售人员通过培训学习到的行为方式。这些培训会告诉你，在对方有机会拒绝你之前，一定要第一时间就告诉他们你的产品或服务有多棒，以及他们为什么应该买。

很可惜，这种方法正是潜在客户拒绝你的原因。潜在客户不想听到或谈论只和你有关的事情。他们想聊自己的想法和经历，他们希望感受到你在听他们说话。

我们需要继续前进，从"我–我–我"的销售方式转向"我关心'你–你–你'"的协调营销公式。

解决方案

开始销售流程后，请立即开始询问潜在客户的情况，在介绍产品或服务的优势之前先确定他们正面临的问题或挑战。

时间就是新的金钱

理查德·布兰森（Richard Branson）以"时间就是新的金钱"这句话而闻名。

当你想进行销售时，请记住这句话。向潜在客户表达关心的最有价值的方式之一是绝不浪费他们的时间，以此证明对他们时间的重视。提前询问他们有多少时间，然后将沟通时长控制在这个范围内。

在谈论你自己和你在卖什么之前，始终记得先向他们提问。

满足客户的情感需求

在创造任何令人满意的关系的过程中,情感都起着重要作用,在销售场景下尤为如此。如果潜在客户的需求得到满足,他们会感到满意、兴奋或快乐,也就更有可能从你手上买东西。

而如果你的潜在客户觉得自己的需求没有得到满足,他们可能会感到沮丧、受伤或困惑,也就不会从你那里买任何东西。

大卫·梅尔曼·斯科特(David Meerman Scott)赞同道:"一旦真正理解你的产品或服务能为买家解决什么问题,你的营销方式就会发生转变。"

帮助客户快速取得成功

艾莉莎·马德根帮助理想受众消除社交媒体营销的混乱。在与潜在客户的第一次交流中,她说,"我不仅会告诉他们应该做什么,还会带着他们做一些能看到结果的事情。这能让他们感受到我对他们的在意,而不仅仅是为了拿下一个订单。

我希望他们马上取得成功，甚至是在和我签合同之前。"

首先，确保你知道你销售的产品或服务可以解决哪些他们为了达成目标必须面对的问题。

其次，在与潜在客户交谈时，试着提出问题以确定他们想要解决什么问题。

如果想给潜在客户提供情感上的满足，现在你就知道该把注意力放在哪里了。

成功愿景

在快速确定客户需求后，就可以开始构思你的愿景，以便让你的理想受众和客户知道你有多在乎他们。

愿景的基础是你想如何为理想受众服务，以及你想以何种方式获得成功。

你的愿景与自己是否感到满意密切相关，通过换位思考，尝试按自己想被服务的方式去服务他人。

一旦你的愿景与你的个人特质、核心价值以及预期的服务方式保持协调，你就会发现你销售的产品或服务与你自己和你想服务的对象都是协调的。

其他一切都已就位，大门即将打开，而障碍物就像炎炎夏日里的黄油一样逐渐融化。

你有理想受众想要的东西吗

在协调营销战略的这一阶段，你应该确保选对公司并保持与公司步调一致，确保这家公司的产品或服务可以帮助你为理想受众提供解决方案。不妨问问自己："我的理想受众是哪些人？他们面临着怎样的痛苦、挑战或问题？"

斯蒂芬妮·Y.奥登问了自己这个问题。她发现她的理想受众是那些不堪重负的女性，她们不知道如何在职业生涯或企业家生涯中取得更大的成就。她曾经是这样的人，直到她发现了一条对她有用的成功之路。

要确定你销售的产品是否符合你的愿景，下一个问题是："我销售的产品或服务是否能帮助他们解决痛苦、挑战或问题，或帮助他们更好地享受自己的爱好和兴趣？"

斯蒂芬妮·Y.奥登确实做到了。她把自己的成功之路变成了一场教学实践。她现在是生活和商业领域成功的策略师。她还向客户销售网络营销产品，这让她在自己的方向上走得更远。

但如果你对这个问题的回答是否定的，那么好消息是有许多公司生产的产品或提供的服务都有助于解决你理想受众的问题，另外还有许多公司生产的产品或提供的服务可以帮助你的理想受众更好地享受生活。

去调研并确定你销售的东西与受众是协调的，这样你的愿景就可以实现。

去哪找潜在客户

一旦你与你所销售的产品保持协调，你可能会问："我在哪里会遇到与我有相同兴趣爱好的人？"

当然是社交媒体平台！

无论你在销售什么——自己提供的服务、直销公司的产品、《财富》500强公司的产品或服务，或者为非营利组织募集捐款，通过社交媒体平台你都能很容易地找到符合理想受众画像的人。尽管销售行业仍然在打陌生电话，但通过社交媒体与人交流因其便捷性已经成为营销的首选方法。

大数据公司内部营销（InsideSales）收集了一些关于电话销售的数据：

- 在 50% 的情况下，客户最终会和第一个联系他的销售人员达成交易。
- 现在平均打 8 个陌生电话可以找到 1 名潜在客户，而 2007 年只要打 3 个电话。
- 只有 2% 的陌生电话最终能成单。
- 销售人员平均每小时拨打 8 个电话，想约一个客户平均需要花 6 小时查资料。

让我们将这些结论与《福布斯》关于社交媒体营销的一项研究进行比较：

- 在使用社交媒体的销售人员中，超过 78.6% 的人销售业绩好于不使用社交媒体的销售人员。
- 与不使用社交媒体的销售人员相比，使用社交媒体的销售人员业绩完成度高出 23%。
- 40% 的销售人员通过社交媒体营销达成了交易。
- 使用社交媒体的销售人员找到潜在客户所需的时间不到电话销售的 10%。

寻找理想受众的例子

现在你知道了使用社交媒体而不是打陌生电话来寻找潜在客户的好处,这里有几个找到受众的其他案例。

如果你曾经或现在有消化问题,并通过公司的产品得到了改善,那么在应对胃部不适方面你就很有发言权。你的潜在客户是有消化问题的人,他们希望摆脱肠胃不适的感觉。你很可能会在一些社交平台的群组中找到他们,或者可以关注在健康领域有影响力的人,他们会在脸书(Facebook[①])、照片墙、油管(YouTube)、音频社交软件Clubhouse、群组社交平台Meetup等各种社交媒体上分享内容。

如果你学会了如何利用公司提供的服务摆脱债务或为退休后的经济状况做准备,那么你就知道如何让账户里的钱生钱。你的潜在客户是那些希望提高信用、增加收入或为退休储蓄的人。你可能会发现他们关注了金融领域有影响的人,这些人在脸书、领英、油管等各种社交媒体上分享内容。

如果你从不知道如何才能与时尚沾边,而现在却因为公

[①] 脸书(Facebook)现已更名为元宇宙(Meta)。——译者注

司提供的首饰或服装开始打扮，那么你可以帮别人看起来焕然一新，让人刮目相看。你的潜在客户是那些希望自己更时尚、对他人更有吸引力的人。你可能会发现他们在脸书、照片墙、抖音国际版（TikTok）和其他社交媒体上关注了时尚和风格方面有影响力的人。

如果在学习如何利用公司的培训计划和工具掌握社交媒体营销策略之前，你曾经在吸引潜在客户和进行销售方面遇到了困难，那么你可以帮助其他人找到更多潜在客户、提升销售额，或者成为社交媒体上有影响力的人。如果你的潜在客户是企业家或其他销售人员，他们正努力在社交媒体上与受众建立联系，希望完成更多销售。你可以在脸书、领英、油管和其他社交媒体网站上关注社交媒体营销领域的意见领袖。

如果你喜欢和人分享孙辈的趣事，而你销售的产品或服务健康安全，那么你就是个有育幼小妙招的祖父或祖母。你的潜在客户是其他祖父母，他们担心孙子孙女的安全，并希望有解决方案。你可以在一些平台的群组中找到他们，有些祖辈会互相分享孙辈的照片，并就他们生活中的麻烦事提出问题，寻求支持和指导。

如果你已经退休，并且有自己喜欢的兴趣爱好，你可以通过脸书在兴趣小组找找理想受众,比如旅行、滑雪、编织、园艺或演奏乐器兴趣小组。

如果你刚开始健身计划,并且正在使用你公司的产品或服务(例如营养补充剂、健身设备)来保持身体健康,那么你可以分享如何开始运动以变得更健康、更有吸引力。你的潜在客户是健康状况刚刚开始改善的人,对于正确的运动方式他们需要一些建议。你可能会在健身房和瑜伽馆遇到这样的人。然而最快和最简单的方法是先在社交媒体上与他们联系(关注脸书、油管、照片墙上的健身达人),或者在 Meetup 上找想要一起运动的本地团体。

如果你热爱动物、正在筹集资金支持动物救助组织,那么你就是支持动物权利和保护的人。你的潜在客户是关心动物权利和保护的其他人。他们会在脸书、Meetup 或其他宠物救助平台分享有关动物救助和领养的信息,一些宠物主人也会分享关于特殊品种宠物的信息(如贵宾犬或无毛猫)。

在社交媒体网站的帮助下,很容易就能发现与你匹配的人,并在做好准备后与他们建立联系。我将在第十章中更详细地探讨如何结识符合理想受众画像的人。

记住,你是能够解决理想受众问题和挑战的人,因为你经历过他们面临的问题。首先你需要确定你可以帮助哪些人或群体，否则就不知道去哪里找他们，不知道如何与他们建立联系，也不知道该说些什么能让他们感受到你的关心和重视，从而让他们愿意了解你，并逐渐喜欢你、信任你。

销售步骤

既然你知道了如何简单地找到理想受众，下一步就是做好准备迎接他们，并就他们的问题或共同兴趣展开对话。例如你可以加入一个脸书小组，组员都在寻找解决消化问题的方法。在这个小组中，你要阅读大家写的关于消化问题的帖子。以下是可以采取的销售步骤：

第一步：了解——发送好友申请，让其他组员知道你们在同一个小组，以及你很关注他们的消化问题。

第二步：了解——让他们知道你自己有过解决消化问题的经历。

第三步：喜欢——如果他们想知道你解决问题的方法，主动分享你的经验。

第四步：喜欢——如果他们接受了你的沟通邀请，你现在就有机会提问来了解更多关于新朋友的信息，比如他们有消化问题多久了，他们还尝试了什么方法缓解消化问题，以及为什么解决这个问题对他们来说这么重要。这种类型的问题表明你对他们的认可和同理心。

第五步：信任——当你问这些问题并得到答案时，你会知道他们对解决问题的诉求有多强烈。如果紧急程度是10分（满分10分），那就赶快提供解决方案并进行推销。

当然，并不是你联系的每个人都会接受好友申请或回复消息。但那些真心想知道解决方案的人会对你做出回应。

这些人并没有都准备马上采取行动。对于还没有准备好的人要与他们保持朋友关系。请他们分享没准备好采取行动解决问题的原因。此时，还可以询问他们的核心价值，以确保和自己一致。

你可能会发现他们的问题是你无法解决的。有时他们只是想要更多的信息，而你可以提供这些信息。

还有些时候他们希望你过段时间再与他们联系。如果是这样，那就好比球已经过了半场了。无论能否解决他们的问题，你都可以选择与他们维持友谊。可以提供他们想了解的其他信息，或者约个双方都有空的时间进行详细沟通。

此时，你可以与同一小组内其他想要解决消化问题的人继续沟通。

在群组中寻找潜在客户

除了那些在群里发帖的人，一定要主动联系同一群组里的其他人，因为很多人都不喜欢发帖，他们更喜欢阅读别人写的东西，他们加入小组是因为需要信息。

你可以通过阅读帖子下的评论找到这类人。主动向他们问好，然后按照上文的步骤操作。

建立一个小组

我发现如果想持续与成为朋友和客户的潜在客户建立牢固联系，最好的方法是邀请他们加入我私人创建的小组，在群组中我提供他们想要阅读和观看的内容以解决他们遇到的挑战和问题。这些内容让他们获得了渴望的令人满足的情感体验。

当他们看到我定期在这个群组中提供内容时，我现在已经成为一个有影响力的人和意见领袖，因为我不间断地提供智慧和信息让他们的生活变得更好。

我鼓励你也这样做。无论是在脸书、领英、油管、照片墙、抖音还是其他平台，一定要创建自己的群组（就像私人酒吧），只有你的朋友和粉丝才能接收到有价值的内容，帮助他们让生活变得更好。

在提供有价值的信息和内容方面，越是坚持就能越有可能获得信任。一旦建立信任，如果他们决定要买东西了，自然就会选择找你下单。

互惠增强信任

随着信任的建立，你会开始鼓励互惠互利以实现双赢。客户开始对你提供的方案给予肯定，并且会为此花钱。

事实上，当你真正擅长为他人提供价值时，你的理想受众就会主动向你寻求解决问题的建议。他们会主动联系你并希望进一步了解你提供的信息。

传递有价值的内容需要我们表现出同理心。下一章我们来探讨同理心如何帮助我们保持协调。

第九章
对理想客户更易表现同理心

表现出同理心有违传统销售培训课程的教导。传统培训认为如果想达成销售，表现出同理心和关心会起到负面作用。这种说法大错特错。

问题

表现同理心会暴露弱点，许多人把弱点与软弱联系在一起。销售培训课程通常侧重于传授如何通过"占据优势"、"不放松警惕"和"保持控制"来实现销售，强调事实和逻辑而非情感因素的重要性。

然而，研究人员在大量研究中发现，如果没有情感因素，世界上最强的逻辑也无法改变人们的想法。

如何判断你是在用逻辑进行销售

有没有听过潜在客户在你给出产品介绍和报价后这么说：

- 我会认真考虑的！
- 你说得很有道理，我再问问别人的意见。
- 我们需要再考虑一下，晚点给你答复。

如果有这种情况，那么你就是在用逻辑进行销售，而不是同理心。

他们认为你说不定能解决问题，但不觉得你完全理解问题所在并且一定可以解决问题。此时，同理心是缺席的。

没有同理心就无法达成销售！

解决方案

让同理心和情感战胜逻辑。根据教授、演说家、作家和播客主持人布伦内·布朗（Brené Brown）的说法，"弱点是人类重要经验的核心"。

根据变革策略师马克达·彭尼科克（Makeda Pennycook）的说法，"事实上暴露弱点需要巨大的勇气，而勇气的背后是力量。正如马斯洛所证明的，我们每个人都有基本的需要和欲望。因此对他人的需要是人类与生俱来的天性"。

为了进一步说明这一点，根据哈佛商学院教授杰拉尔德·扎尔特曼（Gerald Zaltman）的说法，人们95%的购买决策都是在不知不觉中做出的。这些决策发生在核心价值的层面，这就是同理心在营销和销售中能发挥如此重要的作用的原因。洞察咨询（Insight Demand）的首席执行官迈克尔·哈里斯认为："我们潜意识和直觉的购买决策通过情感与有意识的大脑进行沟通。然后大脑再去寻找合理的原因，因此这个循环是这样的，我们用符合逻辑的理由来证明出于情感因素做出的购买决策是合理的。这样就可以形成一种自己仍然受理性控制的错觉，这让人感到安全有保障。"

如果一开始与潜在客户的沟通并不在情感层面上，那你就只是个试图向他们推销东西的人。

成为尤达大师①

表现同理心的方式是分享你或你认识的人经历过类似的问题，而你的产品或服务如何解决了这类问题。这种表现方式可以促进销售。

同理心是通过讲述我们自己的故事来表现的，因此更加真实、有人情味，而不像关于产品或服务的死板广告。

作家、营销人员、牙医拉克森·赛穆尔（Rockson Samuel）解释道："人们彷徨无助，拷问自己为何感到痛苦，为何无法拥有他们认为自己和家人应得的光明未来，喜怒哀乐都由此展开。他们希望能成为自己'星球大战'中的卢克·天行者。你的工作就是像尤达大师一样引导他们。"

就像老话说的，消费始于情感、终于理智。通过不断为潜在客户提供有价值的内容，他们会愿意了解你，并逐渐喜欢你、信任你。

成为尤达大师的意思就是成为能提供解决方案的智者。

---

① 尤达大师是《星球大战》（Star Wars）系列作品中的重要人物，该人物具有强大的力量、智慧和至高的品德。——编者注

提供有价值的内容

首先你需要知道什么是有价值的内容：

- 解决问题的技巧。
- 有助于实现目标的详细分步指南。
- 你自己的故事，且在某种程度上与潜在客户待解决的问题相关。
- 任何有助于从更积极的角度看待问题的内容，包括其他客户的推荐。

当然，需要以免费的方式提供这些有帮助的信息。

以下是艾莉莎·马德根实践这一原则的经验：

我把时间花在脸书的群组里，因为群组成员比较符合我的理想受众画像。我在群组中认识人，然后通过私聊发掘我们之间的共同点。几轮私聊后如果觉得合适，我会发送语音消息和他们讨论共同的兴趣来建立联系。通过语音消息他们能听到我的声音和语气，比较接近面对面交谈的效果。

我会持续评估他们是否适合我以及我是否适合他们，主要询问他们如何开启了现在的事业、喜欢到什么程度、是作为爱好还是想作为事业。我问他们在发展业务方面有什么困难，当他们告诉我最大的麻烦是什么之后，我会再次通过语音消息提供一些帮助缓解困境的建议。最后我会说如果需要更多信息可以安排一次免费的线上视频咨询。在咨询过程中，我会介绍能有效解决他们问题的产品或服务。

公开你的信息

如果你想参考艾莉莎的做法，人们可能会先对你做一些调研来判断你与他们是否匹配。他们可能会查看你的社交媒体账号和个人主页，看看你提供了什么类型的建议和解决方案，然后确定是否要花时间与你建立联系和互动。

如果能从你的信息中获得至少一次令人满意的情感体验，他们可能会接受你的好友申请，希望与你建立一种可能会达成销售的联系。

这就是为什么需要确保你的信息和发送的内容是公开的，并且要多发你的理想受众感兴趣的话题。如果你的社交媒体个人主页设置了仅个人或好友可见，那就赶紧去修改吧！

对于亲友和不符合理想受众的群体，你可以设置单独的分组或者另外建立一个私人账号，这样就可以随心所欲地与他们交流。然后把个人主页设置为公开可见，让那些潜在客户可以了解你是谁、你的观点是什么、你能解决哪些问题。

无论使用哪个社交媒体平台，始终记住从现在起你的社交平台账号将成为一种工具，用于向符合理想受众画像的人提供有价值的内容。因此确保只发布和分享他们感兴趣的内容，提供能解决他们问题的技巧和方案。

销售的核心是关心人

要确保表现出你关心的是人以及如何解决他们的问题。举例而言，犬类食品销售人员可能会发布犬类训练指南以及犬类常见健康问题的解决方案；生涯规划师可以分享思维训练方法和成功秘诀；社交媒体专家可以分享营销趋势以及社交媒体常见营销错误的应对措施；面向企业销售纸制品的销售人员可以提供节省时间、金钱和资源的建议和解决方案。

你可能听过网络企业家和营销人员说"收入就在你的客

户名单里"。某种意义上确实如此。建立与我们匹配的成交客户和潜在客户的电子邮件名单是有好处的。但真正的收入取决于你与名单上那些人之间的关系。

必须牢记销售是一种关心人的业务。不要想着把人看作业绩目标，而是要选择与人建立一种互相关心、情感上令人满意的联系，这样他们就会对你说"好"。

下面是我写的一篇博客的例子，对足部和脚踝不适的人而言，这篇文章在情感上很有说服力且令人满意。试着找找在这篇文章中有多少种方式可以让受众知道我对他们的问题感同身受。

直到不久之前，我肿胀的脚踝还经常让我疼到想哭。

这种情况已经持续好几年了，长时间走路后就很容易发作。

有时候只是坐的时间比较久也会这样。

今天我真是高兴得不得了，逛街走路了一整天，我的脚踝居然一点没事，简直和早上刚出门时一样。

我终于告别了脚趾发炎和脚踝肿大！

而且静脉曲张也有所缓解，这简直不可思议，之前试了各种办法都没有效果。

我的足部和脚踝问题可能是因为小时候用过足部矫正带造成的。哎……

我爸爸有糖尿病足,另外他的膝盖和背部也有些问题,希望对他也能有效果。

真的是太开心了,再也不用交"智商税"了!

不仅比我之前试过的各种方法都要便宜,而且不需要服用任何药品。因为我本身有忌口,不需要内服就最好了。

真的有种幸福到不真实的感觉,我的脚都要忍不住开心地跳起来了!

这篇文章中我完全没有提到解决问题的产品出自哪家公司。然而有很多人来找我询问关于产品的详细信息,通过这篇文章我卖出了数千美元的产品。

之所以能做到这一点,是因为我让读者获得了情感上的满足。我没有列出一大堆应该购买我产品的合理原因。相反,我和他们分享了我的痛苦,而他们也有这种经历。我愿意表现出弱点、真实和人情味。接着我分享了摆脱痛苦的快乐,而他们也会喜欢这种体验。

我发出去的文章和邮件经常收到积极的回复，因为我一直（事实上是每天）都在针对理想受众的问题发布解决方案。他们愿意来了解我，是因为他们知道我关心他们。当我告诉他们我已经克服了这些问题和挑战时，他们愿意来问我是如何做到的。他们觉得我们是同一战线的，感觉就像是在询问一个熟悉的朋友，而这就是我想给他们的感觉。

如何产出能促成销售的信息

如果你想发帖或发视频分享一些信息吸引理想受众，那就从一个简单的描述开始，先证明你了解他们想要解决的问题。接下来说明你有可以解决问题的方法或步骤。最后向潜在客户解释可能的解决方案。

还是以第八章的护肤品为例。下面我来演示如何写一篇向该产品的理想受众表达你的同理心的文章。

- 首先，明确该产品可以解决哪些问题：皮肤瘙痒、粗糙、干燥。
- 其次，确定解决这些问题的方法：我有一个行之有效的方法可以给皮肤补水。
- 最后，想好理想受众想要什么结果或解决方案：光滑的皮肤和容光焕发的外表。

为了将"先表现关心"的原则付诸实践，我用这三个元素重写了帖子，用帖子传达出我的关心和同理心：

第一段——你有皮肤瘙痒、粗糙或干燥的问题吗？你是否尝试了各种产品，但皮肤摸起来仍然不够光滑滋润？

第二段——一个好消息是产生这些刺激性皮肤问题的原因通常是皮肤缺水，而皮肤缺水问题很容易解决。皮肤表层由死皮和天然油脂组成，有助于吸收水分，保持皮肤柔软光滑。当细胞表层的水分不足时就会出现皮肤问题。

第三段——如果想要拥有更柔软、更光滑的皮肤，不妨试试奢华护肤三件套来增加皮肤水分。这组护肤三件套包括磨砂膏、护肤乳液和保湿霜。

提供选择的权利

在这篇文章的开头，我通过几个问题让潜在客户可以根据自身兴趣快速做出选择。继续读下去的多半符合我的描述。他们马上就会知道我关心他们遇到的问题。

按照这个沟通流程来表明你关心理想受众以及他们遇到的问题。

第一步：描述问题，并询问他们对该问题的看法。

第二步：解释问题产生的原因。

第三步：提供解决方案。

无论你是在发帖、设计广告、制作视频、主持线上会议，还是与潜在客户单独面谈，都要遵循这些步骤。

这种表现出关心和同理心的方式会更快地建立信任并促进销售，而不需要死缠烂打或咄咄逼人。

第十章
去哪找理想受众——那些希望你能解决他们问题的人

通过发布内容或与潜在客户开始直接对话，不断向他们提出问题，这可能会带来更多的销售机会。

通过在社交媒体发布内容来吸引符合理想受众画像的人，具体内容可以是视频、帖子、图文或故事，也可以是思维导图、备忘录、录音或访谈等，形式不限，重点是向理想受众表达你对他们的关心。

去哪里找答案

现在是时候寻找符合理想受众画像的人了，这样你就可以与他们分享这些内容。

他们更可能聚集在社交网站还是视频网站呢？是喜欢看

TED 演讲 [①] 还是喜欢阅读图文呢？

你可能会说："我不知道他们在哪里。"

而我要告诉你："不，你知道！"

你自己会去哪里找答案

你的理想受众和你一样。遇到问题的时候，你自己会去哪里寻找答案？如果身上有什么地方痛，你会上网在哪里找应对方法？如果消化不良，你会去哪里了解如何搞定肠胃？如果有不良征信记录，你会在哪里查如何摆脱债务？如果喜欢编织，你会去哪里找编织技巧？如果你有孙辈，你会去哪里找其他祖父母讨论？如果想知道流行趋势，你会去哪里了解时尚资讯？如果想了解如何削减企业成本和开支，你会去哪里寻求建议？

就是这么简单。

也许你会去抖音或油管看视频。也许你会加入脸书或领

[①] TED 指英语 Technology、Entertainment、Design 的首字母缩略词。众多科学、设计、文学、音乐等领域的杰出人物会在 TED 演讲大会上分享自己对技术、社会、人的思考和探索。——编者注

英的兴趣小组。也许你会浏览照片墙或者品趣（Pinterest），或者加入 Clubhouse 的一些社团。

你会去的地方就是你的理想受众会去的地方。正如第八章中提到的各种例子，在社交媒体网站上很容易就可以找到符合理想受众画像的人。

避免过度分散精力

许多销售人员犯的一个错误是同时在多个社交媒体网站尝试与人建立联系。他们只是在各个网站广撒网发一堆链接，既没有为潜在客户提供任何价值，也没有解决任何问题，还不理解为什么没有人购买他们的产品。这就好像为了尽快结识更多人而试图在两小时内参加五个不同的线上会议。

如果你只是想多发掉一些名片，并寄希望于随便聊过两句的人会给你打电话进一步咨询，这种方法也行。而如果你想让人们了解、喜欢和信任你，那么这种方法就行不通了。

如前所述，要确定某人是否符合你的理想受众画像需要与他们进行一些交谈。我们还说到坚持可以缩短建立信任所需的时间，而信任是销售的基础。因此建议先从一个平台开始,经常在这个平台活动,然后在群组里或者有共同关注的人里混个脸熟。当大家在经常逛的地方频繁看到你时,就会觉得和你相处很舒服,会认为你在他们的舒适区内,这样你就可以缩短建立信任和达成销售所需的时间。

一旦在一个平台站稳了脚跟,接下来你就可以开始慢慢扩展到其他平台,但前提是其他平台也有你的理想受众。

记住你的目标:

与潜在客户建立联系——当遇到与理想受众画像相符的人,你可以发送好友申请和私信消息与他们建立联系。这样他们就会逐渐了解你。

和潜在客户互动——当看到你发布的针对某问题提出解决方案的帖子或视频时,他们可能会回复你的消息,然后逐渐喜欢你、觉得和你相处很舒服。

向潜在客户推销——当他们对你产生信任后,就会对你销售的产品说"好"。

在下一章中我将说明如何摆脱老套的销售话术,以及在帖子、视频、面谈中说些什么有助于更快建立信任,从而更快地达成销售。

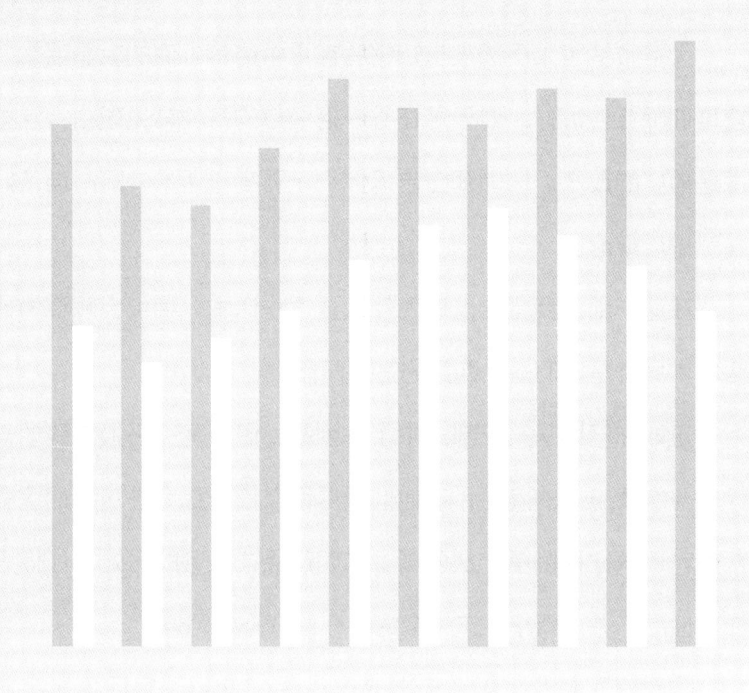

你和你说的话协调吗

第四部分
PART 4

大多数销售人员都被告知销售锦囊中最有价值的就是话术。销售培训师会告诉你，对于潜在客户拒绝你的各种常见理由，这些话术是最好的反驳。培训师会告诉你一定要牢记话术并随时准备好与客户进行辩论。

在这一部分我会告诉你为什么要摆脱话术，我也会解释为什么话术本身就是人们拒绝购买的主要原因之一。

正如你已经从第三部分中了解到的，潜在客户必须与我们一起经历一次情感上的满足，让他们觉得可以信任我们并从我们这里买东西。话术往往侧重于从逻辑上说明产品或服务的好处，让你只关注理性而不关注情绪，这也会将潜在客户拒之门外。

我喜欢《企业家》杂志上的这句话："使用销售话术是企业促成品牌销售的常规方式。这也许能吸引那些没有注意到或不在意这是话术的人。但总体而言，重复使用销售话术无法建立起私人的有情感的联系。"

卡拉·阿彻非常认可这个说法，她曾经工作的某家公司要求她用同一套话术与所有潜在客户进行沟通。

后续章节我会提供一些适合询问潜在客户的问题，可以比较轻松地与他们进行对话，并使双方在情感上都感到舒适和满意。

我将引导你从依赖话术转变为具有同理心且注重解决客户问题。

第十一章
丢掉话术

多数销售人员都会学习公司提供的话术，然后像机器人一样毫无感情地重复这些话。为了保证传达的内容符合公司预期，通常不鼓励销售人员额外增加个人想法或其他信息，简单来说公司只是把销售人员当成行走的广告牌。

问题

没人会梦想长大后成为一块行走的广告牌。因此销售岗位一直是最难招人的岗位之一。

作为武器的话术

要求销售人员使用话术的另一个原因是确保他们能应对拒绝和反对。正如山姆·霍恩所说，"话术控制对话"。话术有助于做好控场的准备。销售人员被告知他们的推销大概率会遭到拒绝，而一旦从潜在客户口中听到反对意见就可以按照话术用现成答案进行应对。这个过程简单来说就是"反对无效"。

著名销售顾问伊恩·奥特曼（Ian Altman）曾写道，"主要的错误在于销售人员只关心话术，并不关心客户的回答"。不关心客户的回答意味着销售人员没有真的去了解潜在客户，只是在等待反对意见的出现。正如前文详细探讨过的，缺乏了解意味着错失寻找协调和建立深层联系的机会。

当销售人员用话术将自己全副武装后，在与潜在客户的沟通交流过程中，他们倾听的目的只是准备对反对意见进行反击。

以这种方式培训出来的销售人员不知道什么是真正的倾听，不知道如何表现出同理心，不知道要探索自己与潜在客户的共同点，也不知道在推销之前应该先专注于建立信任关系。

没有共同点就无法产生互动。没有互动就无法建立信任。而没有信任就无法达成销售。

解决方案

丢掉话术，成为一个有同理心、真心想为客户解决问题的人。记住你需要满足的是受众的需求，而非公司或产品的销售需求。

蒂埃里·亚历山大找到了解决方案。他真心诚意地与人们建立联系。通过对他们生活中发生的事情表示好奇来开始一段关系。在初次联系之前他会先查看他们在社交媒体上的资料，了解对他们来说什么是重要的事情。了解他们分享了哪些内容，在沟通交谈中他会询问与这些话题相关的问题。

《企业家》杂志的一篇文章中提到："社交平台 Stackla 的消费者研究显示，尽管 86% 的消费者表示真实性是他们选择平台的重要因素，但 57% 的人认为只有不到一半的公司提供了真实的内容。为了确保内容真实可信，所有品牌营销都应该从根本的价值和目标出发，这样才能吸引志同道合的客户，他们会将支持你的品牌视作个人价值倾向的体现。"

打动受众

畅销书《最佳故事为胜》(The best Story Wins)作者马修·卢恩(Matthew Luhn)在为广告时代网站(AdAge)撰稿时表示,"广告的目的不是说服人们或让他们进行理性思考,而是打动他们"。广告、社交网络帖子、视频以及与潜在客户的一对一沟通都是如此。

讲故事时确保真实性非常重要。卢恩还说道,"故事是在情感层面与人们建立联系的最佳方式。要做到这一点,你需要用双方都有过的经历与特定受众进行沟通。所有好故事的情节都离不开愿望无法被满足、面临糟糕境遇、努力却失败,但最终获得成功。"

我们都亲身经历过这类事情,最终成功克服了困难,现在可以作为故事讲给别人听。你可以把你的经历整理成故事,让理想受众感受到你理解他们正在经历的问题,而且能够找到解决这些问题的方法。

下面是你和你的受众在生活中可能遇到的问题:

- 经历痛苦(身体上、情感上或两者都有)。

- 感觉自己不被人重视。
- 债务缠身。
- 感觉自己不被人欣赏。
- 想学习一种运动或乐器，但不知如何开始。
- 顾不上自己的需求，所有精力都用来照顾孩子或其他家人。
- 感觉被困在看不到头的工作中。

我相信你还可以写出几十个甚至几百个你和其他人在生活中遇到的问题和挑战。

选择其中一个

现在，选择一个你自己已经成功克服，并且通过使用你的产品或服务可以帮助其他人解决的问题。或者选择一个你和其他许多人都喜欢的爱好，并考虑如何通过你的产品或服务让大家更好地享受这个爱好。你的产品或服务是否有助于他们有更多的时间投入爱好？你的产品或服务是否在某种程度上能让他们感觉更好，这样他们就可以在这个爱好上投入更多时间？

主要问题引发其他问题

通常，这些主要问题会引发其他问题。以债务缠身的人为例，负债过多可能还会导致：

- 因为担心债务而引起情绪压力。
- 长工作时间，忽视对自己的照顾并因此生病。
- 因为没有获得预期中的成功而感到窘迫难堪，这对个人和商业关系产生了负面影响。
- 感觉当前的生活缺乏安全感或快乐，但无力改变。
- 由于缺少时间、金钱和精力，无法与孩子建立理想的联系。

如果你也曾经历这些问题并最终战胜了困境，那么你可以在发布的帖子、博客、视频和私聊中讲述真实的经历。对正在面临这些问题的人来说，你就是值得信赖的权威。你可以毫不费力并发自内心地向理想受众展现你的同理心。

坚持讲述你的故事

接下来需要确定你销售的产品或服务要如何帮助到这些人。即使你在解决自己的问题时没用过这些产品,也可以想象这些产品在哪些方面可以产生什么帮助。在所有交流方式中要坚持讲述个人故事,以便吸引理想受众并建立有助于促成销售的协调的联系。

再次强调协调营销公式:

协调 + 信念 × 坚持 = 销售、满意和成功

只要你,真心相信你的核心价值与你的产品或服务是协调的,能为正在经历你曾遇到的问题的人解决问题或提供帮助,以及坚持与符合理想受众画像的人分享你的故事,就可以期待在获得更高满意度的同时达成销售。

如何在讲述真实故事时让受众获得情感上的满足,以下是具体步骤:

第一步:确定理想受众面临的主要问题(也是你过去遇到过的某个问题)。举例而言,假设你的理想受众是人力资源经理。

主要问题:大多数人力资源经理觉得他们事情太多,没

有充足的时间全部做好。

解决方案：无论你想卖什么，都要确保能帮助他们在更短的时间内管理更多事情（也就是提高效率）。

第二步：确定理想受众由于主要问题而面临的其他问题。以下是人力资源经理可能遇到的一些衍生问题：

- 为公司吸引和留住合适的人才。
- 帮助员工应对频繁发生的变化。
- 在公司内部培养领导者。
- 为所有员工提供培训和其他支持性资源。
- 满足多样性的需求。
- 保证员工满意度水平。
- 大多数时候感觉自己像个保姆。

第三步：无论你选择通过在社交媒体发帖、写博客、上传视频、发邮件还是打电话来吸引人力资源经理中的潜在客户，一定要提到你自己已经或者正在解决其中至少一个问题。这样做会让你有更大的机会与潜在客户进行面对面的沟通。

让潜在客户知道你曾经感受和经历过他们正在遭遇的问

题，你对他们的痛苦感同身受。要表现出你非常清楚他们正在经历的一切。他们希望你理解他们遇到的困难并提供解决方案，希望感受到你是真的关心他们的遭遇。

以人力资源经理的例子来说，他们可能也乐于听到其他人力资源经理是如何处理类似的问题和挑战的。除了分享个人经历，还可以分享你是如何为其他人解决问题的。例如你可以问自己："当人力资源经理想要抱怨或感到沮丧时，他们可以去找谁发泄？"通过这种方式你可以帮助他们与你认识的其他人力资源经理建立联系。

你甚至可以为人力资源经理们成立社交网络或互助小组，直接听取他们的问题，这样就可以想办法帮他们处理和解决这些问题。虽然这些人可能已经加入了专业协会，但在专业协会中他们代表自己的公司，必须表现出专业性。而如果你组织的是非工作时间、气氛轻松的朋友聚会，很可能会发现他们摘下了专业的面具，开始分享真实的感受和信息，这是建立真正友谊的地方。

如果你给他们介绍了其他从事相同工作的人，或者成立了社交小组并邀请相似岗位的人加入，那么对理想受众而言你现在已经成了值得信赖的权威，在所有为人力资源经理服务的销售人员中你已经略胜一筹了。

通过以不局限于销售产品或服务的方式思考如何帮助潜在客户，你已经以一种让潜在客户满意的方式与他们建立联系并保持协调，接下来这些人力资源经理可能会让你达成很多销售。

他们对你的看法

通过不断寻找有助于解决问题的方法，你会逐渐成为潜在客户生活中的重要角色。如果你以各种方式一直在为他们的问题提供有价值的解决方案，他们会对你产生以下看法：

- 他能理解我的痛苦。
- 我会继续关注他。
- 我会继续读 / 看 / 听他提供的内容。
- 我会购买他的产品或服务。

第十二章
如何达成更多销售并建立有价值的联系

如果你想完成销售,在建立信任之前不要急于推销。

问题

大多数销售人员会在一开始与客户接触的早期就进行销售或推销,希望能得到对方的回应,并希望最终与潜在客户建立长期联系。

斯蒂芬妮·Y.奥登也被教导要这样做。她说她接受的销售培训主要是让她相信:无论是否认识对方、无论对方是否感兴趣,都应该向他们进行推销。基于自己的核心价值,这种方法让她感到不太舒服。

通过这种方式进行销售会让好人被贴上"死缠烂打"和"咄咄逼人"的标签。不要过早地向潜在客户推销,这样会背叛你自己。

大多数销售人员都曾有过匆匆忙忙进行推销的经历。原因通常如下：

- 像提线木偶一样，销售经理说什么就做什么。
- 想要完成月度销售目标，但是时间已经不多了。
- 没有提出足够的问题因而误判了潜在客户的意向。

线上销售咨询机构哈内克绩效集团（Janek Performance Group）的尼克·凯恩（Nick Kane）写道，"仓促的销售就像一场标准的销售宣讲，列举了产品或服务一系列令人印象深刻的功能，但从未真正深入了解你的产品或服务将如何解决客户的问题。"

他的话与我在第六章中所提到的内容形成呼应——必须经过"了解 – 喜欢 – 信任"的过程才能建立起协调的联系。

解决方案

在推销任何产品之前必须与客户建立联系并产生互动。为了避免操之过急，必须明确知道你和潜在客户在哪些方面是协调的，以及必须确定可以用你的产品或服务解决他们的问题。

你必须知道他们正面临的不知如何解决的问题是什么。必须真诚地表达你理解他们的问题，因为你也经历过同样的困境。你必须相信你的产品或服务是解决这些问题的最佳方案。

当你始终以同理心与你的潜在客户互动时，他们会感受到你的信念，对你的信任也会增加。他们觉得你真的关心他们的利益。你的真实和热情会让他们觉得与你相处很舒服。当他们觉得可以信任你时，就会对你说"好"。

不需要用话术来应对拒绝，因为你不会被拒绝；不需要穿上盔甲，因为不会发生战争。不需要套路的介绍产品功能。你和客户都可以待在自己的舒适区，而客户会买你的产品。

现在你是不是想知道如何在不死缠烂打的前提下持续与潜在客户保持互动？需要通过向潜在客户提问来进行沟通，不要假设你已经知道了答案。

具体的提问问题类型取决于你是面向企业销售还是直接面向消费者进行销售。

- 企业对企业销售：产品或服务由公司买单，决策者是公司的某个员工。

- 企业对消费者销售：产品或服务由实际使用者或使用者的家庭成员买单。

无论哪种销售模式，在询问潜在客户的想法之前，尽量避免用"我–我–我"的方式分享个人经验和产品或服务的优势。

当你回答了第五章中的问题后，就很容易知道该问什么问题。这些问题可以帮你回忆起曾遇到过哪些问题、当时是如何解决的，以及你的产品或服务将如何帮助其他有同样问题的人解决问题。

下面通过两个例子说明如何在不同类型的销售模式下分享关于解决问题和产品的信息。

企业对企业销售

这个例子中，我的潜在客户是一名人力资源经理。我正在向他的公司推销一项企业健康计划。

我正在与这位潜在客户进行首次一对一的沟通。我们是在社交媒体上认识的，这次会通过视频会议进行沟通。

一开始我会问这些问题：

- 你为什么想成为一名人力资源经理？
- 你觉得工作中最有价值的部分是什么？
- 你觉得工作中最具挑战性的部分是什么？
- 你如何应对这一挑战？

请注意，我问的问题开头是"你为什么"、"你觉得"或"你如何"，使用这类开放式问题而非封闭式问题可以获得更完整的答案。这些问题有助于我了解潜在客户从事这份工作的原因、他有多喜欢这份工作、他觉得自己可能在哪里遇到问题，以及他是否试图解决问题。我还能了解到其他可能参与决策过程的人。

然后我将提出以下两个重要问题：

- 公司如何管理员工的健康需求？
- 1分到10分，假设10分表示"非常完善，无须改进"，1分表示"非常差劲，亟须改善"，你会给公司现在的健康计划打几分？

我问了一个简单的打分题，这是快速得出可量化的答案的好方法，可以很方便地衡量对方对你询问对象的兴趣程度。

如果他给了 10 分，我会请他告诉我为什么现有的健康计划这么好、为什么不需要改进。在他讲述具体原因的过程中，我可能会发现有些方面并不完善、有些地方可能需要改进。

如果他给了 9 分或更低，那么我知道还有改进的空间，这对我来说是个机会，也许可以通过我的企业健康计划帮助他解决问题。

一旦潜在客户解释说明了可改进的方面，接下来我会这么问：

- 还是 1 分到 10 分，10 分表示"非常急"，1 分表示"完全不急"，你会给这次改进的紧急程度打几分？

我会继续问他为什么给出这个分数。即使分数是 1，我仍然会问下一个问题：

- 我有帮助其他人力资源经理解决同样问题的经验，你想听听我之前提出的解决问题的方案吗？

如果我本人没有处理过这类问题，但公司的其他人在这方面有经验，我会这样问：

- 我的同事有帮助其他人力资源经理解决同样问题的经验，你想听听他们之前提出的解决方案吗？

只要我的潜在客户对解决这个问题有一点点兴趣，他很可能就会同意。这样我就可以开始讲自己或同事关于这个问题提出的解决方案，以及我销售的企业健康计划是如何解决这个问题的。

在讲完故事后，我会以另一个问题结束这次沟通：

- 你对我刚才分享的哪些内容感兴趣呢？

注意，我在问他具体关注我分享的内容中的哪些部分。如果他觉得迫切需要获得同样的解决方案，就会开始问我关于时间、成本和其他细节的问题。这个时候他已经准备好让我开始推销了，甚至可以说他主动希望我开始推销。

如果他对解决这个问题没有感到紧迫感，那就不会问我任何问题。这样我会知道他不希望我进行推销。这时我会这样问：

- 如果可以，还有什么问题是你希望我帮你解决的呢？

我知道可能无法解决潜在客户需要解决的问题，所以并没有做出承诺，而是表明我愿意倾听，而我自己或我认识的某个人或许可以提供给他有用的建议。同时表现出我非常关心他在意的事情。

最重要的是，我想让这个人记住我是一个关心他的人，即使当天没有做成任何交易也没关系。

俗话说："没人在乎你懂得多不多，除非他们知道你真的在乎他们。"

企业对消费者销售

再举一个直接向消费者销售减肥产品的例子。我在社交网站的减肥经验交流群中发现了一个与理想受众画像相匹配的人，我发送了好友申请，并通过交流和对话了解对方，找到我们除减肥之外的共同爱好。

一开始我会这么问：

- 既然我们都是××小组的成员，你在小组里得到过的最好的减肥秘诀是什么？
- 尝试后，你觉得效果如何？

与面向企业销售的对话相比，当我们与个人谈论生活时，在开始相互了解的阶段要放慢脚步，提更宽泛的问题。

他对共同群组相关问题的回答可以让我知道他在群组中的活跃程度、他对群组中分享的信息是否满意。此外也能让我知道他是否会执行减肥计划以及他减肥的决心。

他可能会问我从小组里得到的最佳减肥秘诀。我会真诚地回应：

- 我喜欢在小组里看别人减肥成功的案例。目前还没有尝试过组里的任何建议，因为我正在用的减肥方法效果很好，已经减掉了××磅[①]，目前达到了理想体重。

[①] 1磅≈0.454千克。——编者注

我不会再多说自己在用什么减肥方法,如果他对此感兴趣就会来主动问我。而我会问他这个问题:

- 你计划到哪天完成减肥目标?我想为你加油鼓劲。

大多数人都没有设定达成目标的日期,或者他们确信自己无法在计划日期之前实现目标。

此时我会用自己真实的故事来回复,例如:

- 你可能不知道,我也遇到过同样的情况。我也不觉得自己能在某一天成功减肥。我试了很多不同的方法都没有减下来。当时我对自己感到失望和沮丧,你有这种感觉吗?

除了告诉他我真实的故事,我还问他是否有和我刚才描述的一样的感觉。

如果他对这个问题的答案是"没有",我马上会知道他不太可能对减肥产品说"好"。如果确实如此,我会祝他一切顺利,并继续与群组中的其他人建立联系。

如果他对"你有这种感觉吗"这个问题回答"有",我可以问:

- 你为什么会有这种感觉呢?

根据他的回答我可以判断他是否和我一样。如果他遇到的问题和我一样,我会问:

- 你想知道我是如何达成减肥目标并让一切变好的吗?

他大概率会给出肯定的答案。
接下来我可以这样问:

- 假设 1 分到 10 分,10 分表示"非常想",1 分表示"完全不想",你有多想了解我的减肥方法?

如果他的答案是 8 分或更少,我就会告诉他:

- 好吧,我知道这不是你目前的紧急事项。你有其他问题想得到帮助吗？

如果他的答案是 9 分或 10 分，我会这样说：

- 电话或者视频沟通会更方便，你现在有 5 分钟时间吗？

如果他说现在不方便，我会提议约在明天和后天的某个时间进行沟通，或者问他哪天有空。如果这些时间都不合适，而他真的很感兴趣，那他会和我另外约时间。

下一次沟通时我会尽可能简明扼要，因为我之前说过沟通只要 5 分钟。我会先说明今天主要是分享我用了什么方法减肥成功。在沟通的前 5 分钟我要说明以下几点：

- 我为什么想减肥？
- 在发现我现在销售的产品之前，我是多么挫败？
- 我如何找到我现在销售的产品？
- 这些产品如何快速见效？
- 使用这些产品后，我的生活发生了哪些积极的变化？

每一项只用一句话进行说明，说得简单一些，这样他就能很容易理解我销售的产品是如何解决问题的。

接着我要提这个问题：

- 1分到10分，假设10分表示"希望尽快拥有产品以获得同样的效果"，1分表示"感谢分享，毫无兴趣"，你现在打几分？

如果他给出的分数是8分或更低的分数，这意味着这个问题所描述的不是他目前的紧急事项。我可以这样回答：

- 好吧，我知道这不是你目前的紧急事项。你有其他问题想得到支持或需要我的帮忙吗？

如果他的回答是9分或10分，那么他是在告诉我他想快速解决问题。因为已经建立了足够的信任，所以可以开始推销产品，我可以这样说：

- 太好了！我可以告诉你如何购买产品及如何使用，你接下来还有时间吗？

如果他说有时间，我可以问他是否准备好要下单了，他可能会让我等他拿一下信用卡。那么很明显他要购买了。

这就是为什么我更喜欢使用视频会议软件，这样我就可以分享我的屏幕，并向他展示如何访问购物网站并注册账户。

如果他回答说他想知道如何购买，但必须征求配偶的同意或者等到发工资，我就不会继续推销了。我会另外和他约个时间，让他可以先和配偶讨论一下，或者是等拿到工资之后再说。

现在，你应该已经理解为什么要丢掉以产品为中心的话术，提出真正关心潜在客户的问题可以使谈话变得有人情味，让你和潜在客户都感到舒适和满足，从而完成更多销售，建立更牢固、持久和有价值的联系。

遵循简单的协调营销公式，最终你的理想潜在客户会对你说"好"。

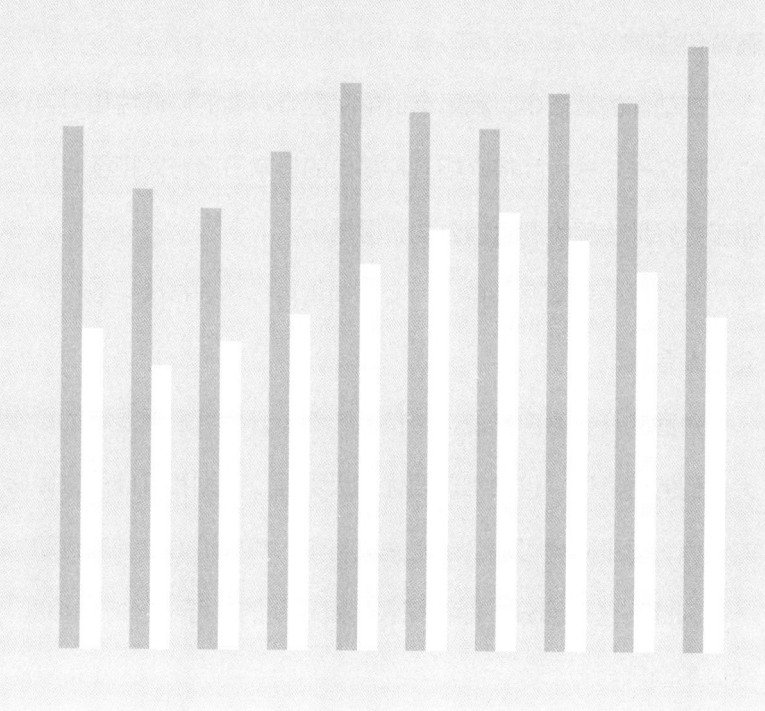

在舒适区销售的日常方法

第五部分
PART 5

遵循"协调＋信心×坚持"的协调营销公式，你将获得销售、满意和成功。

在前面的章节中，我重点讨论了四个方面的协调性和对自己的信心。在这一部分，我将介绍五种简单的日常思维方式和创收模式，有助于更好地使用协调营销公式获得结果。

最关键的要素是坚持，为实现销售目标需要持续采取行动。行动会带来金钱。

对我的许多客户来说，坚持意味着一开始就需要温和而缓慢地扩大他们的舒适区，这通常需要优先级管理、规划和打破思维障碍方面的训练，思维障碍可能会妨碍采取与个人核心价值协调的行动。

因此在这一部分，你将探索和发现我的"舒适区扩展锦囊"，包括以下内容：

- 始终朝着销售目标前进的挣钱秘诀。
- 如何通过日程规划保持协调并获得成功。
- 如何在开展业务时避免与他人进行比较。
- 如何从挫折中快速恢复的秘诀。
- 坚持肯定自己，庆祝迈向成功的每一步。

每天练习这五种思维方式和创收模式将有助于你减少倦怠，提高热情，增强信心。我会引用古今中外名人语录介绍每种方法，以表明它们的重要性和恒久性。最终你会获得深深的满足感——一种让你持续行动、实现销售和取得成功的强大力量！

第十三章
对自己负责

我们不但要对所做之事负责,也要对未尽之事负责。

——莫里哀(Molière)

对自己负责需要勇气。这意味着放弃让别人为我们的选择负责。这意味对自己的每个选择负责,确保其符合自己的核心价值。

我们每天都应该鼓起勇气,对自己选择做什么和不做什么负责。

勇敢

由于艾莉莎·马德根的核心价值之一是勇敢,我请她分享如何确保做到对自己负责。她说:"我的另一个核心价值是家庭,所以我要求自己为潜在客户和加入群组的客户创造家庭的氛围。"她每天会在群组里分享一些建议或单独发给客户，从而确保营造出家庭的氛围，这让她感觉很舒服。

在我向客户介绍了对自己负责的原则之后，他们常常觉得承担责任是一种沉重的负担。对自己负责涉及"应该"和"必须"，这让他们回忆起了被老师要求准时交作业、被父母要求立刻做家务以及被其他人寄以期望的那种沉重感。

因此，从这个角度可以理解大多数人都迫不及待地想摆脱与责任相关的那些"应该"和"必须"。

然而从另一个角度来看，对自己负责本身具有巨大的力量。

对自己负责是坚持的源泉

蒂埃里·亚历山大认为对自己负责是我们对自己的约束。这包括选择做我们说好要做的事情，即使最初的动机已经消失了。事实上，他的搭档非常清楚，如果蒂埃里说要做某件事，这件事就一定会完成，因为蒂埃里非常严格地执行对自己负责的原则。

当被问到"你在哪些方面能依靠自己"，你感觉如何？当我听到这个问题时，它让我回归到了我的核心价值，并与自己保持协调。

对自己负责让我们有能力选择代表哪家公司、产品或服务，选择帮助他人解决哪些问题，以及选择为谁服务。最重要的是，它使我们能够选择每天、每周、每月、每年以及最终要实现什么目标。

所有这些选择都必须相互协调，否则在生活中我们会过度拉伸甚至变得"畸形"。

做出协调的反应

每天我都可以选择如何利用对自己负责的原则来应对任何情况或机会。事实上，当遵循对自己负责时，责任对我来说就只是选择对任何发生的事情是否做出反应的能力。

卡罗琳娜·M.比林斯将个人责任描述为在所有交易中保持透明。她说："我在想如果有个摄像头一直盯着我会是什么感觉。摄像头会拍到周围没有人的时候我做了什么，因此即使没有人在看，我也要做正确的选择。"

以下是我如何利用对自己负责的原则和责任感让自己每

天保持协调：

第一步：列出当天选择要做完的所有事情。其中包括照顾自己和家庭的事，以及通过销售获得收入的工作安排。

第二步：在日程表上为每项活动安排时间，并明确开始和结束时间。（下一章将详细介绍日程安排）在日程表上设定的时间内完成这些活动，并对此负责。当生活中出现预料之外的机会或情况时，我会选择如何应对——是重新安排之前计划的活动还是维持现状——一切基于最重要的对自己负责的原则：与我的核心价值保持协调。

说"不"

几年前，我当时工作的公司推出了一种新的食品。其中含有我不能吃的致敏成分。为了健康我不吃有致敏性的食物，你可以说我选择了对自己负责。

我还选择了对不销售该产品的行为负责，因为我没有亲身经历可以讲述该产品如何为我解决问题。当时我也不认识任何觉得它解决了问题的人。

为了坚持诚信的核心价值，我专注于销售公司其他那些与我的核心价值相协调的产品。

你可以说我是幸运的，因为我是一个独立的销售代表，可以选择销售什么产品。如果我是公司员工，就没有自由决定卖或不卖某个产品。

正如我在本书开头所说的，如果你不能真正地与你所销售的产品或服务保持协调，如果你不愿意代表他们，那为什么还要销售它们呢？

选择很多

数千家公司有上万种产品或服务可供销售。所有公司都希望雇用与它的核心价值保持协调、相信它们的产品或服务的人。选择有很多，这就是为什么对自己负责是每个人每天做每个选择（包括回应或不回应某事物）的核心。

想要变得强大、相信对自己负责的力量，唯一的方法就是回到第三章，回头看看你的核心价值清单，确保它是完整的，且每一项都能激励你。

如果有你之前觉得适合而加入清单中的核心价值，现在再次做出决定，选择让它们留在那里还是删除。

第十四章
制订成功计划

计划是在众多选项中进行选择的过程。

如果我们选择不做计划,那就是在选择让别人为我们做计划。

——理查德·I. 温伍德(Richard I. Winwood)

按照对自己核心价值和目标负责的原则,我会自行选择每天要完成的任务,以此来制订成功计划。以这种方式安排每一天可以确保我与自己保持协调,并且在舒适区内达成销售。

使用约定手册

在我多年来服务的数千名客户中,绝大多数人在认识我之前从来没有制订过成功计划,他们很少使用日程本。

我喜欢把日程本称为"约定手册",因为它包含了我每天按照不同时段与自己达成的所有约定。乍看之下它和日程本差不多,但我的所有计划都以生活中的优先事项为基础。

大多数人每天都会同时想着今天要做的事、昨天没做的事以及明天想做的事,并因此感到不知所措,因为每件事都显得同样重要和紧急。不知道要先做什么,会觉得自己什么都没做好。在这种缺乏条理和信心的情况下,无法坚持开展能促成销售,从而获得满意和成功的活动也就不足为奇了。

事实上,他们这么做就是在背叛自己。

当我问斯蒂芬妮·Y.奥登每天制订成功计划的感觉时,她也做出了类似的描述,她是这样说的:

制订成功计划需要我选择扩大舒适区。我过去没有认真考虑过这件事,经常会陷入混乱。我本身有全职的工作,同时兼职销售,为一家网络营销公司工作。我从不确定何时或者是否应该安排日程。自从学习了你所说的按优先级做计划的概念,我才发现我根本没有明确自己的优先事项,所以不知道应该先做什么后做什么。现在我知道了,基于我的核心价值,我需要对最重要的事情做出承诺,然后信守对自己的承诺。我现在有一本约定手册并且一直在用。

一口吃不成胖子

你听过关于如何吃掉一头大象的笑话吗？

重点就是：一次只咬一小口！

我们应该以同样的方式管理各类活动，一次一小口，小步前进。

很久以前，我的脑子里塞满了各种想法、愿望、梦想和日常事务，简直是一团乱麻。思维严重堵塞，根本无法消化掉哪怕一个想法，越是努力越是感觉筋疲力尽，所以一事无成，觉得自己是个彻头彻尾的失败者。而吃掉一头大象的笑话给了我当头一击。我一直试图一口气消化掉所有的目标和活动。我认为自己必须要这样做，因为曾经认为"大步迈向新生活"是很重要的，而我就按字面意思对其进行了理解。

在听到大象的笑话后，我才意识到不管怎么说一口就是一小口，并不是一口吃下一整头大象！

目标在刚设立的时候就像大象一样巨大。它会占据了我们头脑中的所有空间。目标就像是房间里的"粉红色大象"。

试图一下子完成整个目标是一件令人难以承受的事情，而且非常耗费精力。最后，我决定放弃这种努力。相反，我花时间列出了实现目标所需的每一项活动（也就是每一小口）。然后将它们按优先级排序，以确保最重要的任务得到最多的关注。

举例而言，如果我的优先级最高的目标之一是建立网站，我会写下实现该目标的各个步骤：研究网站设计、聘请设计师、撰写文案、选择图片等。如果目标是获得更多人的邮箱地址，我会写下实现该目标的各个步骤：吸引满足理想受众画像的人，为他们提供可以留下邮箱地址的途径，编写要发送的邮件内容等。

由于提前确定了每个步骤，我可以更容易地集中关注在当前阶段必须完成的任务。这就好像每次咬一小口，让大脑更容易消化。同时我还可以确保每项活动都符合我的核心价值。

如何制订成功计划

蒂埃里·亚历山大也在尝试制订成功计划。他说："我有一本约定手册,每周日我会根据优先事项清单来安排下一周的活动。因为生活总是充满不确定性,所以我会给自己留出一天的空闲不安排任何活动,这样就能根据实际需要处理任何事情。"

避免不必要的"应该"

你是不是发现有些事情自己一直没做到,只好一次次挪到下一周?这可能是因为这些活动与你的核心价值并不协调,是不必要的事情。花点时间想想是不是这么回事。

卡罗琳娜·M.比林斯说她正在努力扩大自己的舒适区来制订成功计划:

我喜欢变化,喜欢同时处理很多事情,比较反感把事情一件件排好然后按固定的顺序执行。由于我的另一个核心价值是对自己负责,所以会选择关注实现目标和享受生活所必须完成的事情。

我按照自己的方式做计划,在每件事的完成时间和方式上留出灵活性。为了让日程安排更加合理,我会留出时间进行娱乐以便享受生活。

永远不会

乔治·坎贝尔（George Campbell）和吉姆·帕卡德（Jim Packard）在其合著畅销书《网络营销者的一致性效应》（*The Consistency Chain for Network Marketers*）中建议读者思考某件事与自己的价值是否一致：

当你想推迟某件事情时，不要对自己说"我明天就做"，而要说"我永远不会这么做，永远不会"。

我永远不会创业。

我永远不会变得健康。

我永远不会掌握更多知识。

这些说法让你觉得舒服吗？也许你觉得有点刺耳和残酷，但实际上这是一种诚实。

如果你真的觉得自己不想做任务列表上的某件事，你可以选择不做。你可以思考哪些事情与你的核心价值相符。

计划与自由

对一些人来说，制订成功计划可能会觉得受到限制和束缚。由于艾莉莎·马德根最重要的核心价值是自由，我问她怎么看待提前安排日程的做法。她回答说："事实上，制订成功计划有助于我享受自由，因为它可以保证我不会过分消耗自己。我会留出'空白时间'来做自己想做的事情。例如，我想保证每天在孩子们放学回家后有半小时的时间陪他们，这样就能听他们说说这天发生了什么。制订成功计划让我能留出这段时间，我喜欢这种方式，不过我 15 岁的儿子可能有不同看法。"

确定优先级和委托他人

将所有想要完成的活动按照优先级排列在日程表上。这样就可以避免日程安排过多或让自己难以承受。

你今天要做的第一件向目标靠近的事情（一小口）是什么？是打电话、开会、做调研、写文章、发邮件，还是其他事情？你会在做这件事情上花多少时间？

做完这件事情后，下一步你会做什么来更接近目标呢？完成第二件事情后，第三件是什么事？第四、第五件又是什么事？这是实现目标的最有效率的方式，一次一件事，直到实现目标。

如果你有为了实现目标所必须进行的活动，并且这些活动符合你的核心价值，但你不想做，那么下一步就是选择是否可以将这些活动委托他人代你完成。

内疚感

制订成功计划听起来很简单，但当我和客户分享如何安排日程时，他们经常会说自己恐怕做不到同样的事情，因为把自己的事情排在第一位会让他们产生内疚感。

然后我会问他们是否觉得实现自己的目标很重要。对于这个问题他们总是会大声回答"是"。

如果你也有同感，那么秘诀在这里：想要在拒绝他人的时候不产生内疚感，唯一的方法是在安排日程时专注于那些对你来说最重要的、能让你每天精力充沛的事情。

当别人要求让你为他们做一些你不想做的事情时，你可以坦诚地说自己已经很忙了，事实也确实如此。你在专注于对你来说最重要和最令你满足的事，也是对实现目标和使命而言真正有用的事。

第十五章
避免与他人进行比较

快乐终结于比较。

——马克·吐温（Mark Twain）

大多数人每天都会将自己与他人进行比较。尤其是在社交媒体盛行的今天，与他人进行比较非常消耗精力。

- 为什么那个人的帖子得到了比我更多的互动和评论？
- 为什么那个人达成了销售目标而我没有？
- 为什么那个人总是那么开心，但我每天都像打仗一样？

10% 的想法与比较有关

多达10%的想法与比较有关。《今日心理学》（*Psychology Today*）杂志的一篇文章提到，"研究表明，经常将自己与他人进行比较的人可能会获得进步的动力，但也可能会感到深深的不满、内疚或自责，并会做出诸如撒谎之类的破坏性行为"。

将自己与他人进行比较显然不利于实现销售进而获得满意和成功。如果你想与自己的核心价值、热情和目标保持一致，并使销售更快、更容易，那就必须选择对自己负责，停止与他人进行比较。

坚持，而非比较

在新的销售公式中，我们强调的是"坚持"而不是"比较"。坚持会让你进步，而比较会阻碍你进步。

我每天都会避免自己与他人进行比较，因为表面上看到的现状并不能反映过去发生了什么、他们经历过什么样的考验和磨难、他们接受了多少训练，不能反映完整的情况。

每个人在一生中都会不断成长，就像一株玫瑰，从深埋在肥沃土壤中的种子开始直到绽放。

在播种阶段没有人能保证最后一定会开出美丽的花朵。播种后不可能再反复翻土，所以必须相信总有一天会冒出嫩芽。在这个阶段要做的就是浇水和施肥，也可以向有经验的人请教园艺技巧。

实现目标

你可能会觉得自己正处于学习协调营销公式的"播种阶段",这是一种新的"种子",你希望它有助于业务增长和发展。把这本书当作园艺指南,而潜在客户就是你"种植"协调营销公式后长出的"嫩芽"。

根据这个比喻,当你通过"了解 – 喜欢 – 信任"原则不断发掘潜在客户时,你达成的销售就是盛开的花朵。有时就像玫瑰一样,在花朵凋谢和下一次发芽之间会有休息和恢复的阶段。

现在说回与他人进行比较。

当我使用播种、发芽、开花和休息的比喻时,将自己与其他人进行比较是不可行的。我不知道别人是什么时候种下了第一颗种子,不知道他们花了多少时间、金钱和精力来浇水施肥,不知道他们之前是否种过花,或者经历过多次春播秋收。

请教园艺技巧

当我在日常活动中遇到比我更成功的销售人员时，我可以选择与他们建立联系，约时间向他们请教并获得他们的"园艺技巧"。

与这些成功的"园丁"交谈时，我会问以下问题：

- 你设定了什么目标从而产生现在我看到的结果？（我不一定会设定与他们完全相同的目标，还要看它是否符合我的核心价值）
- 谁是你的理想受众？（如果他们的理想受众与我不同，即使我做了他们所做的一切，也可能不会得到他们的结果）
- 你坚持做了哪些事情来达成销售？（这些事情可能不在我的舒适区范围内）

与核心价值保持协调

艾莉莎·马德根说她每天都在练习不与他人进行比较：

我还记得高中的时候，我看看别人，就会觉得自己不漂亮，也不擅长运动。初三的时候我会把自己和大一的女生做比较。直到三十岁，我终于意识到没有人和我一样，如果每个人都一样，那这个世界就太无聊了。我也是在那时候才意识到，看起来成功的人并不是一夜之间就获得成功的。我会提醒自己，我并不知道他们为获得成功付出了多少时间和精力。

我的核心价值——自由、勇气和家庭——也帮助我始终专注于自己的目标，而不是与他人进行比较。我经常告诉我的女儿要直面自己和自己的核心价值，这可以让她不被别人改变。

蒂埃里·亚历山大持类似的观点，他解释道，"我按照自己的核心价值和认知创造自己的生活。每个人的人生都是一次旅行。我会提醒自己我并不了解别人的故事。我不知道他们在我看不到的地方经历过什么。如果我有想比较的念头，那我就知道是时候把注意力转回到自己身上，反思如何才能让自己变得更好"。

如果实在忍不住要做比较，那么可以把注意力集中在比较今天的你和昨天的你。

第十六章
别被挫折打倒

冠军会为了目标勇往直前,直到取得胜利。

——比利·简·金[①]（Billie Jean King）

大多时候我们都会觉得自己在朝着目标前进。但有时也会觉得自己停滞不前,甚至有时会觉得自己失去方向摇摇欲坠。

把挫折当作反弹的机会

想象一下将松紧带拉伸到最大弹性范围的极限,但不要拉断。然后松手。它大概率会收缩到比拉伸前略微长一点的

[①] 比利·简·金,美国女子前职业网球运动员。她于 1973 年成为女子网球联合会（WTA）的第一任主席,2021 年获得劳伦斯终生成就奖。——编者注

状态。松紧带没有受过训练保持长度，所以会回归到更自然的状态。

对我们而言，设定更大的销售目标并试图实现的过程也是如此。

每天我们都可以选择训练自己处理规模更大的业务。坚持选择去做为了实现目标所需要做的事，也就是制订成功计划，让自己有更多的练习、鼓励和信心可以扩大业务。

我还从人生字典中删除了"失败"这个词，也建议客户这样做。《今日心理学》杂志的一篇文章指出，"每个人都讨厌失败，但对有些人而言失败是巨大的心理威胁，他们避免失败的动机甚至超过了取得成功的动机。这种对失败的恐惧会使他们不自觉地破坏成功的机会"。

尝试、探索、发现

绝大多数客户在第一次开始制定销售和营销策略时就告诉我，他们害怕失败。我通常反问这个问题："获得更多信息怎么会被认为是失败呢？"这会让他们立刻不再纠结。

然后我会解释我是通过一系列实验来发展业务的。每当选择完成一项活动或目标，我总是会进行尝试、探索和发现。这就是为什么我在本章开头引用了比利·简·金的话。

儿童教育玩具的设计目的是在儿童玩耍、探索和尝试新概念和新视角时给他们带来趣味性。蒂埃里·亚历山大回忆起玛丽·波平斯（Mary Poppins）的台词："一勺白糖可以让事情变得很有趣。"这让他受到启发要进行尝试、探索、发现。

如果我们都以同样的方式来发展业务，而不是让每项活动或决定都非常严肃可怕，那么我们都会获得更多的销售额及收入增长。

每天我在各项工作中都会记得尝试、探索、发现。包括写博客，学习如何使用新的社交媒体平台，邀请潜在客户与我沟通以了解彼此等。

每件事都是一个实验

无论多么确定我已经知道该做什么以及该怎么做，我都会在大脑中给新的信息留下足够的空间，这可能会帮助我在未来继续发展业务。

事实上，目前为止我在这本书中提出的每一个建议都可以被视作一次实验。你是否对每一个建议都进行了尝试、探索和发现？现在还不晚。我希望你能探索我在每一章中提出的每一个建议并付诸实践，就像做个实验看看你的舒适区边界在不变形和断裂的前提下可以伸展到什么程度。

完成后的总结复盘

这一步主要用于在每次尝试新建议后总结效果和收益，无论是否达到预期结果都需要。我把这个过程称为完成后的总结复盘。

我会问自己四个问题，用于证明无论结果如何，我的行动在某种程度上都是成功的。无论事情有多小（比如写一篇帖子吸引互动）或有多大（比如举办线上讨论会吸引理想受众当场下单），我都会问自己这些问题，让自己对成果和发现感到满意：

- 在开始做这件事之前，我的生活和业务是什么样的？
- 我希望通过完成这项活动获得什么结果？

- 我在尽最大努力完成这项活动后,发现了什么以前不知道的事情?
- 完成这项活动后,我的生活和业务状况如何?

我不会问自己是否达到了预期的结果或目标,这方面的回报并不像我在过程中的收获那么重要。通常在过程中会发现一些如果没有尝试就不会知道的事情。

我同意诺伯特·奥勒威茨的观点,他警告说:"不要让挫折变得更糟糕,停止过度分析。你要做的是从中吸取教训并继续前进。"

斯蒂芬妮·Y.奥登是这么说的:"我坚信自己是有弹性的,我很重视这个信念。如果没有实现想要的目标,我会举办一个小小的遗憾派对并接受挫折。我也知道下一次我会准备得更好,这个过程可能会更加顺利。"

你每天都在前进一点点,所以每天都要给自己加油打气。即使挫折让你回到了原来的起点和状态,现在你已经比原来更了解该做什么以及怎么做了,未来你可以更好地进行扩展。

让这些知识激励你继续坚持采取行动,你很快就能获得更多的销售进而成功。就像吉姆·帕卡德所说:"我有意识地学习将注意力转移到日常实践的过程而非结果上。"

第十七章
自我认可与庆祝

> 庆祝成功不仅令人当下感觉良好,还能为未来的成功做好准备。
>
> ——乔迪·克拉克[①]（Jodi Clarke）

现在你已经和我一起走完了这段旅程,最后让我们一起庆祝你读完了这本书。

我希望你每天晚上都能庆祝自己当天完成了这么多任务,庆祝自己辛苦了一整天。

用庆祝助力坚持

为自己庆祝会让你不舒服吗?对自己表示认可是否超出

[①] 乔迪·克拉克是非洲的一位家喻户晓的歌手,她的歌曲整合了多元的音乐流派。——编者注

了你的舒适区？祝贺自己不在你的核心价值清单上吗？并不是只有你这么想。

大量研究证实，庆祝各种大大小小的成就会产生更多动力，让我们继续坚持采取行动，从而获得成功，这就是为什么为自己鼓掌是协调营销公式的关键因素。

虽然这本书讲的都是待在舒适区，但当我向客户说明自我认可对成功至关重要时，他们经常告诉我，他们不太愿意庆祝自己取得的成就或认可自己的行为。

如果你有同感，那么也要考虑一下：你的核心价值之一是不是为他人提供服务以实现销售？如果答案是肯定的，那么我希望你去尝试、探索，并发现为什么自我认可也是你的核心价值之一。

你相信"希望他人如何对待自己，就要如何对待他人"的说法吗？如果你相信，那么就要像为他人庆祝一样为自己庆祝。

为自己庆祝对身体也有好处。正向力（Positive Intelligence）的首席营销官和培训负责人比尔·卡莫迪表示："在庆祝的时候身体会释放内啡肽，它让你感觉良好。如果做成了某件事而没有花时间庆祝，你就主动放弃了一种有助于获得成功的重要动力。当你面对新的挑战或机遇时，这种动力可以让你表现得更好。"

把庆祝当作奖励

乔治·坎贝尔和吉姆·帕卡德在其合著的全球畅销书《网络营销的一致性效应》中写道，"把庆祝当作奖励。人们迫切希望得到认可和赞赏。让我们把它作为礼物送给自己。花点时间享受你的成果，真正去感受成功。他人表达对我们的尊重当然很好，而自己对自己的认可和尊重会更好"。

下面是我最喜欢的几种方式，我每天都会用这些方式来对自己表达认可和庆祝。这可以让我更加自信和积极，坚持朝着目标采取行动。每种自我认可的方法都会强化我的自我价值和信念，这是协调营销公式的一个基本要素：

协调 + 信念 × 坚持 = 销售、满意和成功

用欣赏的眼光看待自己

我创造的一个自我认可和庆祝的方式叫作"用欣赏的眼光看待自己"。多年来我每天都会多次使用这种方法。经常

有人问我为什么每天都能完成这么多任务，我相信这是主要原因。

每天我完成每一项活动后都会用欣赏的眼光看待自己，甚至在起床的时候也会这样！

我会悄悄对自己说："史黛西，感谢你顺利起床开始了新的一天。"

在一天中我可能会对自己说：

史黛西，感谢你向符合理想受众画像的人发出了10个好友邀请。

史黛西，感谢你与潜在客户进行了交谈，发现你们并不适合，所以你可以继续与其他人建立联系。

史黛西，感谢你以令人满意的方式和新客户完成了一笔交易。

用欣赏的眼光看待自己，我整天都能得到赞赏，不需要依赖他人对我本人和我的行为做出评判。正如路易丝·L.海（Louise L. Hay）所写，"一直以来你都在批评自己，这并没有奏效。试着认可自己，看看会发生什么"。这种方式让我感觉到爱和关注，非常满足。

科里亚尼·巴普蒂斯特也有同样的感受。在各种大小庆典上我们都喜欢吃巧克力。她是这么说的：

我告诉孩子们要为自己庆祝，我也鼓励我的团队这样做。我们为自己和他人所做的一切都值得庆祝。为自己庆祝是件大事。同样重要的是要记住，重要的不是庆祝结果（目标、销售额等），而是认可我们尽力而为，庆祝我们信守诺言，庆祝我们坚守舒适区。通过每天实践协调营销公式和自我认可，我在销售、满意度和成功方面的表现十分出色！

相信自己的选择

过去每当需要做出选择时，我都会请别人告诉我该怎么做。恐惧、懒惰和懦弱使我把决定权交给别人，我不相信自己能做出正确的选择。

当然，我对核心价值的认知总是会告诉我什么是适合我的选择。只是我常常没有勇气做决定并付诸行动，所以会不断问身边的人我应该做什么。我过去的大多数决定都是别人为我做的，所以我与自己并不协调，我不快乐，也没有实现想要实现的目标。

一天早上，我在刷牙的时候突然意识到所有的选择都是出于两种动机：爱或恐惧。那一天我没有问别人我该做什么，我开始问自己五个问题，这些问题总能让我做出最有力的选择，这些问题也给了我做出决定并采取行动的勇气。

爱是大自然中和谐美好的力量，而恐惧恰恰相反。恐惧会引起愤怒、沮丧、困惑、激动与不和谐。爱和恐惧都包含在我们的每一个决定中。然而，基于爱的决定与基于恐惧的决定截然不同。

花点时间思考你最近做出的决定。你的决定是基于爱还是基于恐惧？

如果所有的决定都是基于爱或恐惧，那么只需要五个问题就可以知道我们拥有哪些选项，看看我们应该选择哪一个。

解决过程

我设计了五个问题，可以判断一个决定是基于恐惧还是爱，我称之为解决过程。这些问题让你很容易在任何情况下快速了解你的选择是否符合你的核心价值。

当我们觉得自己的决定充满活力和力量，并且让我们有欲望或热情做些什么时，每个人都会更容易感到积极有动力。以下是我所说的五个问题：

1. 从恐惧出发，为什么我会选择不做这件事？

2. 从爱出发，为什么我会选择不做这件事？

3. 从恐惧出发，为什么我会选择做这件事？

4. 从爱出发，为什么我会选择做这件事？

5. 前四个问题的回答中，哪一个最贴切？（不是最好或最坏的，而是最贴切的）

第五个问题的答案是"直觉的答案"，我相信最贴切的答案最符合我的核心价值。这种本能反应会让事情变得很清楚，带来平静、安全和幸福的感觉。

我的一位客户塔拉·雷柏恩（Tara Rayburn）使用了这个过程来决定她是否应该参加我的协调营销进阶课程。

她在自己最忙的一段时间被我的课程吸引。以下是她如何决定是否参加的过程：

问题 1：从恐惧出发，我为什么不想参加协调营销进阶课程？

回答：我害怕被待办事项压得喘不过气来，这会给我和家人带来压力。如果同意参加，我可能会像个疯子一样，然后无法完成进度、无法在截止时间之前完成任务。

问题2：从爱出发，我为什么不想参加协调营销进阶课程？

回答：我爱我的家人，我知道当我处于不知所措的状态时，我对任何人或任何事都很不友好。如果不能全身心投入，那么直接不参加会更好。

问题3：从恐惧出发，我为什么想参加协调营销进阶课程？

回答：我害怕不仅会错过一个摆在我面前的极好的机会，还会错过一个恰好能为实现目标提供方法的机会。我一直在想"我该怎么做"。

问题4：从爱出发，我为什么想参加协调营销进阶课程？

回答：我正在学习如何看到不可思议的机会出现在眼前。而这一切真的发生了。我的脑海中充斥着"为什么不"和"爱"。我觉得如果接受这个机会，我会收到并给予对实现目标很重要的祝福，这让我感到为难。

问题5：哪个问题的答案最贴切？

回答：问题4的答案。

塔拉的决定：参加协调营销进阶课程，因为参加这个课程对职业和个人都有所帮助，同时也提供了一个分享经验和获得祝福的机会。可以实现双赢！

这个决策过程非常快速简单，相信你可以感受到塔拉的选择非常清晰有力。

我经常被问到爱是否总是最后的答案。信不信由你，爱并不总是最后的答案。有时出于恐惧的回答会让我觉得更加贴切。我学到了承认恐惧的力量也是一种爱自己的方式。如果恐惧的力量更大，我会相信它。如果爱的力量更大，我也会相信它。

学会休息，避免过度疲劳

我们不是机器，我们是人类。我们需要时间放松和恢复。有一种庆祝的方式就是在一天中的某些时候暂停休息一会儿。就像小时候一样，短暂的休息有助于提高创造力和生产力、提升幸福感，减少压力、舒缓心情。

让我们把休息看成一个机会而不是惩罚，在活动过程中主动申请休息，喘口气缓一缓，确保我们在做和不做之间取得平衡。

当你觉得自己在一刻不停地往前走，没有给自己足够的时间去休息时，你的大脑就会罢工拒绝思考。如果你的目标还在播种或萌芽阶段，这是非常危险的。当你的目标非常需要专注力时，暂停进行短暂的休息尤其重要，这样你才不会在花朵绽放之前就已筋疲力尽。

卡罗琳娜·M.比林斯在实现目标的过程中给自己设置了很多奖励：完成一个目标，获得奖励；再完成一个目标，获得奖励；以此类推。有些奖励很小，有些则很大。

她是这么说的："我是拉丁裔，生来就热爱庆祝，我甚至会办遗憾派对。如果实现了目标我就会休假，在旅行中也会获得新的经验。我和一位朋友计划如果能完成目标，就一起庆祝一下，去纽约的蒂芙尼百货公司购物，这种感觉和网购完全不同。这段经历会一直留在我们的回忆中，我喜欢让平凡的事情变得与众不同。"

卡罗琳娜很清楚过度疲劳会让我们变得脆弱，而脆弱的松紧带更容易断裂。

举个例子说明为什么休息一下恢复活力是必要的。仔细听你最喜欢的歌，注意歌曲的节奏、旋律和编曲。注意节拍和伴奏乐器。然后注意听每种乐器的停顿和间隙。

这些间隙实际上创造了音乐的气氛。如果毫无停顿，那就只有连续不断的节拍，没有停顿就只会是噪声，无法形成音乐。

把工作方式变成一种美好的组合。每天抽出一段时间进行享受和娱乐，做一些与当前目标完全无关的事情，或者静静思考当天发生的事，畅想当你最终在舒适区实现了销售、满意和成功时，你的未来会是怎样的呢？

总结
让公式为你所用

在庆祝读完这本书之后,你可能会有以下疑问:

- 现在要做什么?
- 从哪里开始?
- 如何开始?
- 首先最重要的是做什么?
- 所有要做的事都在这本书里了吗?
- 真的这么容易吗?
- 我做得对吗?
- 能再举一些例子吗?

进步的最佳方式是循序渐进地学习如何运用协调营销公式:

$$协调 + 信念 \times 坚持 = 销售、满意和成功$$

按这个公式一步步前进,你会确信你与自己、品牌、受众保持协调。

蒂埃里·亚历山大在他的一篇社交媒体帖子中给出了很好的解释：

你是否被告知要走出舒适区？

让我们花几秒想一想……

你真的喜欢走出舒适区吗？

在舒适区外你感到放松还是有压力？

你的大脑是想让你走出舒适区还是回到舒适区？

那么，为什么要为一个强加在我们身上、让我们力不从心的概念而痛苦呢？

让我们看看另一个概念。

蝴蝶是在蛹的内部还是外部生长？

鸡是在蛋壳的内部还是外部生长？

人类是在子宫的内部还是外部生长？

大自然给了我们充足的线索，所有强大的生命都是在舒适区内生长的。

当然，舒适区需要一些适度的扩张。

那么不如在舒适区做你真正热爱的事情，然后慢慢扩展。

别再听别人说你该做什么了,这根本不是你真正的热爱所在。

你可以为自己做选择。

如何让公式为你所用

在阅读本书时,你可能已经注意到协调营销公式的每个元素都需要细化。你需要采取一些简单的步骤来获得预期效果,就像根据巧克力蛋糕食谱做蛋糕一样。

下面按顺序介绍十一个步骤:

协调

第一步:列出你的核心价值(详见第三章)。这个清单是你拥有的最重要的财富。它比黄金更有价值,因为它定义了你的舒适区,而这是无价的。

第二步:在列出核心价值后,再列出你的核心价值与你销售的产品或服务协调的方面(详见第五章)。

第三步:分析你选择销售的产品或服务在哪些方面能帮助人们。

- 提高工作绩效。
- 看起来更有吸引力。
- 更加健康。
- 更加富裕。
- 更受欢迎。
- 提高生活质量。

第四步：回答第五章中提出的问题，找到你的热情所在。

第五步：了解如何在开始推销之前与客户建立信任（详见第六章）。

第六步：明确你的理想受众，即那些你有信心和热情解决他们问题的人（详见第七章）。

第七步：学习如何从"我–我–我"的推销方式转变为"我关心'你–你–你'"，表明你关心客户的问题，并在理想受众的世界中树立权威（详见第八章）。

信念

第八步：草拟一段简单的文案，表明你了解客户待解决的问题、你曾经或正在解决这个问题，以及提出对潜在客户而言可能有用的解决方案（详见第九章）。

第九步：按照理想受众画像结识志同道合、志趣相投的新朋友，这可以缩短建立信任和达成销售所需的时间（详见第十章）。

第十步：丢掉话术，对潜在客户进行提问，探索他们是否有你可以解决的问题（详见第十一章）。

坚持

第十一步：每天练习第五部分提到的舒适区扩展锦囊。这些思维方式和创收活动有助于保持你与核心价值的协调，并激发你的积极性，避免倦怠、提高热情、增强信心。

使用这些舒适区扩展锦囊找到更深层的满足感，这是一种强大的力量，可以让你继续行动并实现销售和成功。

对自己负责：通过不断对自己提问获得勇气。

制订成功计划：不要试图一口吃掉一头大象；相反，列出实现目标所需的每一项活动。将它们按优先级安排进日程表，确保最重要的任务能够得到最多的关注。

避免与他人进行比较：去向那些在播种、萌芽、开花和收获过程中看起来更成功的人请教"园艺技巧"；专注比较今天的你和昨天的你。

快速从挫折中恢复：确保你每次选择一项活动时都进行

尝试、探索和发现。做生意就像一系列实验，这些实验提供了如何坚持行动以实现销售和业务增长的信息。

庆祝并认可自己：庆祝你大大小小的成就，让自己能够继续坚持采取行动，从而实现销售、获得成功。

讨论大纲

我希望读完本书可以让你停止走出舒适区的尝试,转而与你的核心价值、销售热情、销售的产品保持协调。

本书中提出的很多问题非常适合与其他销售人员或你自己的团队进行讨论,也许会有所收获。

以下针对个人和团队分别列出了讨论大纲。

个人

1. 我的核心价值是什么?

2. 我觉得自己的使命或目标是什么?我对什么有真正的热情?

3. 我销售的产品或服务是否符合我的核心价值?

4. 我销售的产品或服务是否能在以下方面帮助人们:

- 提高工作绩效。

- 看起来更有吸引力。
- 更加健康。
- 更加富裕。
- 更受欢迎。
- 提高生活质量。

5. 描述"了解 – 喜欢 – 信任"原则的各个阶段。

6. "建立联系 – 开展互动 – 推销产品"流程如何与"了解 – 喜欢 – 信任"原则相结合?

7. "我 – 我 – 我"的销售方式和"我关心'你 – 你 – 你'"的销售方法有什么区别?

8. 在写文章、录视频、做宣传册,或与潜在客户沟通之前,你必须先草拟一段文案来说明哪些内容?

9. 在哪里可能找到与你理想受众画像相符的人?

10. 如果丢掉话术,要用什么替代它?

11. 五个舒适区扩展锦囊分别是什么?

团队

每个团队成员的核心价值是什么？团队成员是否有共同的核心价值？

每个团队成员觉得自己特有的使命或目标是什么？

每个团队成员对什么有真正的热情？

每个团队成员是否觉得他们销售的产品或服务符合核心价值和真正的热情所在？是否有任何产品或服务与他们的核心价值和热情不符？

团队成员认为公司的产品或服务可以帮助人们做到以下哪一点：

- 提高工作绩效。
- 看起来更有吸引力。
- 更加健康。
- 更加富裕。
- 更受欢迎。
- 提高生活质量。

请团队成员描述"了解 – 喜欢 – 信任"原则对他们意味着什么。

请团队成员描述"建立联系 – 开展互动 – 推销产品"流程如何与"了解 – 喜欢 – 信任"原则相结合。

请团队成员描述"我 – 我 – 我"的销售方式和"我关心'你 – 你 – 你'"的销售方法之间的区别。

要求团队成员做总结,以说明他们知道受众想要解决的问题、解决问题的方法或过程,以及潜在客户通过购买团队成员的产品或服务可以期望解决问题的方案。

询问团队成员,他们认为最有可能在哪里找到符合理想受众画像的人。

请团队成员说明他们现在会向潜在客户提出哪些类型的问题,目的是确定彼此合适,并确定自己是否可以解决客户的问题。

询问团队成员对五个舒适区扩展锦囊的感受。